商業宇宙活動と国際法

竹内　悠

商業宇宙活動と国際法

信 山 社

はしがき

　筆者が初めて活きた宇宙法の議論に触れたのは，修士課程在学中の所属大学に国際法学会研究大会がやってきた 2005 年の秋であった。開催校学生として事務局の手伝いで会場のマイク整備をしていた筆者にとって，青木節子先生の研究発表と佐藤雅彦 JAXA 法務課長（当時）の質疑応答の光景は新鮮だった。国際法を武器に日本の宇宙活動を世界に躍進させる集団の一員になりたいと JAXA の門を叩いた。入構してから 17 年間の JAXA 生活の大半を宇宙法の実務と研究の架橋を意識しつつ，法務担当として過ごす中で，宇宙活動に関する多様な業務を経験しながら本書の課題を着想し，青木先生に師事したのも当初からのご縁に思えてならない。

　博士論文を基礎にしたとはいえ，本書を刊行するにあたっては，全面的に書き換えたと言っても過言ではないほどの加筆修正作業が必要であった。特に，第 1 部のデータとして依拠した国連宇宙部が公表している宇宙物体インデックスのデータ集計には苦労した。当初，表計算ソフトで利用可能なデータを取り寄せようとしたところ，国連宇宙部の回答は，ウェブ版しか存在していないとのことだった。博士論文執筆時にはウェブから手動でエクセルにコピー＆ペーストして集計することに成功したが，わずか 1 年の間に年間の掲載物体数が一桁増加したことで，1 年分のデータをコピーするためのスクロール中にウェブがエラーを起こしてしまうようになり，集計用データが作成できなくなってしまった。本書の宇宙物体登録に関するデータが少し古いものになっているのはそんな事情からだが，宇宙物体数の急速な増加がこんなところにも影響を及ぼしているのである。

　ところで，本書は 2 つの挑戦を意識した。1 つは実務と研究の架橋である。ニュースペースと呼ばれる新興の商業宇宙活動が急速に活発化している現代において，国際ルール作りに主導的な役割を果たすと謳う日本の宇宙政策を推進するためには，ルール作りのどこに焦点を当てて注力すればよいのかは，実務家にとって悩みの種である。商業宇宙活動に対する宇宙法の規律がどのように作用しているのかを解きほぐすことができれば，その作用点を捉えてより効果的，効率的な方策がとれるのではないだろうかと考えた。もう 1 つの挑戦は，理論的基盤の提供である。1980 年代以降の国連における勧告決議やガイドラ

はしがき

インの作成の現象を捉えた山本草二先生の「宇宙活動から生ずる有害行為について，単に事後救済（国家責任の追及）をはかるだけではなく，その事前防止のため，打上げ国の注意義務，協議，宇宙空間の利用の配分と規制を整備しようとするものである」（『国際法（新版）』（有斐閣，2001年）480頁）という記述に着想を得て，事後統制機能と事前統制機能という概念を使いながら，宇宙条約を中心とした国際法が，商業宇宙活動をも包摂した宇宙活動全体をどのようなメカニズムで規律しているのかの全体像を描き出すことに挑戦した。これが成功すれば，現在生起している現象に対する法的な説明も構造的に行うことができ，国家に対してどのようなインセンティブが作用し，その結果として国際場裏でなされているどの議論に実質的な意義があり，どのような意図で国内規則が生み出されているのかに対する説明を一定程度提供できるのではないかと考えた。本書においてそのすべてに成功したとは言い難いが，議論を活性化し，国際ルール作りに主導的な役割を果たそうとする日本の宇宙政策にわずかながらでも貢献できればと願うばかりである。

さて，本書の刊行に当たっては実に多くの方々のご協力を頂いたので，感謝の意を込めてここに記したい。まず，長年にわたってご指導を頂き，本書の基礎となった博士論文の指導教授もお引き受けいただいた青木節子先生には改めて感謝を申し上げたい。先生の，時に厳しくも常に慈愛に満ちたご指導がなければ，今の自分はなかった。また，筆者の古巣であるJAXAのすべての同僚，先輩，後輩にも感謝を表したい。分野を問わず，様々な業務を通じて得た議論や考え方の一つ一つが筆者の糧となっており，これらがなければ本書は着想にすら至っていなかった。特に筆者の職業上の恩師というべき佐藤雅彦氏，兄というべき税所大輔氏には格別の感謝を表する。筆者はお二人の背中を見て育ったといって過言ではない。

二足の草鞋を履いて研究活動を続けてきた筆者には，幸いにして得難い研究者仲間とも言える関係も築くことができた。特にDiane Howard氏，Kuan-Wei (David) Chen氏，Xavier Li-Wen Liao氏，Peter Stubbe氏，Ram Jakhu先生，中谷和弘先生，小塚荘一郎先生，笹岡愛美先生，石井由梨佳先生，重田麻紀子先生，増田史子先生，友岡史仁先生，二杉健斗先生，橋本靖明先生，渡邉浩崇先生，髙屋友里先生，福島康仁先生，福嶋雅彦先生，萬歳寛之先生，瀬田真先生には常に刺激を頂いた。ここに謹んで感謝の意を表するとともに，今後とも有意義な議論を継続させて頂くことを楽しみにしている。

はしがき

　初めての単著での出版で，右も左もわからない筆者を丁寧に導いてくださった信山社編集部の高畠健一氏にも深い謝意を表する。筆者は，御息女の御誕生のための育児休暇直前にご担当頂ける幸運に恵まれた。ご家族のご健勝を心よりお祈り申し上げる。また，本書の刊行にあたって出版刊行助成を頂いた公益財団法人末延財団にも謝意を表したい。企画書の作成や頂いたコメントなどは，初めての出版である筆者にとって大変ありがたい道標にもなった。そして，日本のニュースペース時代幕開けの象徴とも言える，商業デブリ除去実証衛星ADRAS-Jが撮像した画像を提供頂いた株式会社アストロスケール，とりわけ長年の同志である岩本彩戦略・政策渉外部長にも深く感謝したい。筆者もJAXAの立場で参画したプロジェクトだっただけに感慨深い。

　最後に，せっかくの休日になってもいつまでも机にかじりついている筆者を温かく支えてくれた妻と二人の子供たち，そして彼女たちへの支援を通じていつも静かに応援してくれる両親，義両親そして弟妹達に最大級の感謝を表し，筆を擱くこととしたい。

　　2024年12月　千葉県流山市の自宅にて

竹　内　　悠

目　次

はしがき
初出一覧

序　章 ………………………………………………………………… 3
　第1節　問題意識 (3)
　第2節　問題の所在と本書の位置づけ (5)
　第3節　本書の構成 (9)

第1部　国際宇宙ステーションを用いた商業宇宙活動

第1部序論 ………………………………………………………… 12
第1章　ISSからの人工衛星等の放出 ………………………… 16
　第1節　活動の概要 (17)
　第2節　打上げ国の特定 (24)
　第3節　管轄権及び管理の権限を及ぼす国の特定 (30)
　第4節　許可及び継続的監督を及ぼす国の特定 (35)
第2章　ISSからの高解像度地球観測 ………………………… 37
　第1節　活動の概要 (37)
　第2節　リモセン法上の管轄権とISS上の管轄権の競合 (41)
第3章　商業宇宙ステーション ………………………………… 43
　第1節　活動の概要 (43)
　第2節　商業宇宙ステーション時代の法的な課題 (43)
第1部小括 ………………………………………………………… 46

第2部　軌道上の新しいタイプの商業宇宙活動

第2部序論 ………………………………………………………… 50
第1章　衛星コンステレーション ……………………………… 51

第 1 節　活動の概要（*51*）
　　第 2 節　事故時の責任（*54*）
　　第 3 節　宇宙空間における占有の禁止（*58*）
　第 2 章　軌道上サービス……………………………………………… 62
　　第 1 節　活動の概要（*62*）
　　第 2 節　法 的 課 題（*67*）
　第 3 章　宇宙状況監視サービス……………………………………… 70
　　第 1 節　活動の概要（*70*）
　　第 2 節　法 的 課 題（*76*）
　第 2 部小括………………………………………………………………… 78

第 3 部　商業宇宙活動に対する国際法の規律構造

　第 3 部序論……………………………………………………………… 80
　第 1 章　商業宇宙活動を規律する国際法の法律構成…………… 81
　　第 1 節　宇宙条約 6 条と 7 条の関係（*81*）
　　第 2 節　宇宙条約 9 条の意義（*84*）
　　第 3 節　宇宙条約 8 条の意義（*85*）
　第 2 章　商業宇宙活動を規律する国際法のメカニズム………… 90
　　第 1 節　事後統制機能と事前統制機能による規律（*90*）
　　第 2 節　調和した国内規則の作用（*92*）
　　第 3 節　事後統制機能と事前統制機能の相互作用（*109*）
　第 3 章　国際法の規律構造からみた商業宇宙活動における課題… 114
　　第 1 節　ISS を用いた商業宇宙活動に対する作用（*114*）
　　第 2 節　軌道上の新しいタイプの商業宇宙活動に対する作用（*120*）
　　第 3 節　小　括（*129*）

　終　章…………………………………………………………………… 133

参考文献一覧……………………………………………………………… 137
参考資料　国内法令における許認可関連基準（要約）……………… 155
索　引……………………………………………………………………… 174

初 出 一 覧

　本書は筆者が 2023 年度に慶應義塾大学大学院法学研究科へ提出した博士論文「宇宙活動自由の原則の現代的展開 ── 拡大する商業宇宙利用に対する現行法上の限界」を大幅に再構成し，加筆修正したものである．それに加えて，これまでに発表した下記の論文及び口頭発表が本書の原型を成している．

　①「持続可能な宇宙活動の規範的展開」『第 65 回宇宙科学技術連合講演会講演集』（2021 年 11 月 10 日）；「持続可能な宇宙活動の規範的展開（二）」『第 66 回宇宙科学技術連合講演会講演集』（2022 年 11 月 3 日）；「持続可能な宇宙活動の規範的展開（三）」『第 67 回宇宙科学技術連合講演会講演集』（2023 年 10 月 18 日）【第 3 部第 1 章，第 2 章】
　②「国際宇宙交通管理（STM）レジームによる国際宇宙ガバナンス確立の必要性」，『法学政治学論究』120 号（2019 年）69-94 頁【第 3 部第 1 章第 3 節 2】
　③ "State Responsibility Structure for Supervising Commercial Space Activities", paper presented at 67th Colloquium on the Law of Outer Space, Milan, 16 October 2024 (to be published in Proceedings of the International Institute of Space Law 2024)【第 3 部第 2 章第 1 節】
　④ "*De Facto* Common Traffic Rules? ─ A view from a study of national regulations", paper presented at Space Traffic Management Conference 2024, Austin, USA, 27 February 2024;「宇宙機の安全運用のための規範形成メカニズム」笹岡愛美・石井由梨佳編著『宇宙ビジネスに対応した法理論の変容』（勁草書房，2025 年刊行予定）【第 3 部第 2 章第 2 節】

　なお，インターネットから引用した文書は，特に注記のない限り，すべて 2024 年 10 月 6 日にアクセス可能なことを確認した．
　また，本書に示された見解はすべて筆者個人のものであり，いかなる場合においても筆者の所属する団体や組織の見解を示すものではない．本書は筆者が個人の資格で創出したものであり，筆者の所属組織の研究成果ではない．

略 語 集

CAA	Civil Aviation Authority	英国民間航空局
CNES	Centre national d'études spatiales	フランス国立宇宙研究センター
CONFERS	Consortium for Execution of Rendezvous and Servicing Operations	CONFERS
COPUOS	The Committee on the Peaceful Uses of Outer Space	国連宇宙空間平和利用委員会
CSPOC	Combined Space Operations Center	米国統合宇宙作戦センター
DARPA	Defense Advanced Research Projects Agency	米国国防高等研究計画局
EC	expected casualty	傷害予測数
ESA	European Space Agency	欧州宇宙機関
FAA	Federal Aviation Administration	米国連邦航空局
FCC	Federal Communication Commission	米国連邦通信委員会
GEO	geostationary orbit	静止軌道
IADC	Inter-Agency Space Debris Coordination Committee	国際機関間スペースデブリ調整委員会
IISL	International Institute of Space Law	国際宇宙法学会
ISS	International Space Station	国際宇宙ステーション
ISS協定	Agreement among the Government of Canada, Governments of Member States of the European Space Agency, the Government of Japan the Government of the Russian Federation, and the Government of the United States of America (Inter-Governmental Agreement)	民生用国際宇宙基地のための協力に関するカナダ政府，欧州宇宙機関の加盟国政府，日本国政府，ロシア連邦政府及びアメリカ合衆国政府の間の協定（国際宇宙基地協力協定）
ITU	International Telecommunication Union	国際電気通信連合
JAXA	Japan Aerospace Exploration Agency	国立研究開発法人宇宙航空研究開発機構
LEO	low Earth orbit	地球低軌道
MPL	maximum possible loss	最大蓋然損害
NASA	National Aeronautics and Space Administration	米国連邦航空宇宙局

略語表

NOAA	National Oceanic and Atmospheric Administration	米国海洋大気庁
SDA	Space Domain Awareness	宇宙領域認識
SPD	Space Policy Directive	米国大統領宇宙政策指令
SSA	Space Situational Awareness	宇宙状況監視
STM	Space Traffic Management	宇宙交通管理
UK	United Kingdom of Great Britain and Northern Ireland	イギリス（英国）
UKSA	United Kingdom Space Agency	英国宇宙局
UNOOSA	United Nations Office for Outer Space Affairs	国際連合宇宙部
US	United States of America	アメリカ合衆国（米国）
安保理	United Nations Security Council	国際連合安全保障理事会
宇宙条約	Treaty on Principles Governing the Activities of States in the Exploration and Use of Outer Space, including the Moon and Other Celestial Bodies	月その他の天体を含む宇宙空間の探査及び利用における国家活動を律する原則に関する条約
宇宙損害責任条約	Convention on the International Liability for Damage Caused by Space Objects	宇宙物体により引き起こされる損害についての国際責任に関する条約
宇宙物体登録条約	Convention on Registration of Objects Launched into Outer Space	宇宙空間に打ち上げられた物体の登録に関する条約
国連	United Nations	国際連合
月協定	Agreement Governing the Activities of States on the Moon and Other Celestial Bodies	月その他の天体における国家活動を律する協定
LTS ガイドライン	Guidelines for the long-term sustainability of outer space activities	宇宙活動の長期持続可能性ガイドライン

商業宇宙活動と国際法

序　章

第 1 節　問　題　意　識

　21 世紀に入って商業宇宙活動が著しい発展を遂げている。宇宙で最初に商業利用が始まったのは，1960 年代に始まった静止軌道からの衛星通信や衛星放送の事業であり，それに続いたのが 1980 年代に始まった低軌道における地球観測事業である[1]。だが，21 世紀に入ってから急速な発展がみられるのは，そのような伝統的な商業利用とは異なる態様の活動になる。宇宙活動に参加する宇宙機の数が飛躍的に増大することにより，2011 年の米国国家安全保障宇宙戦略が congested, contested and competitive[2] と表現して世界中の共感を集めてからすでに 10 年以上が経過し，その状況は加速度的に拡大している。宇宙物体同士の連鎖衝突によって軌道環境が悪化していくケスラーシンドロームが現実のものになりつつあるのだ[3]。

　他方で，米国をはじめとする主要な宇宙活動国の間で宇宙空間に対する新たな国際条約作成の兆しは依然として見えない。もちろん「月その他の天体を含む宇宙空間の探査及び利用における国家活動を律する原則に関する条約」[4]（以下「宇宙条約」という。) 6 条は，宇宙活動に対する国際責任は，非国家主体による活動も含めて，すべて国家に帰属すると規定している。したがって，商業宇宙活動を国際法の要請に服させる責任は，国家が担っているといえる。条約という選択肢を用いずにこの課題を解決する道を模索する中で，主要な宇宙活動国による国内規則の発達や国内外の業界団体による自主規制の制定のほかにも持続可能な宇宙活動を行う事業者を第三者的に評価するインデックスやレー

（1）　郵政省「通信白書（昭和 52 年版）」（1977 年）37-62 頁；鈴木一人『宇宙開発と国際政治』（岩波書店，2016 年）33-42 頁，74-77 頁。
（2）　United States Department of Defense & Office of the Director of National Intelligence, *National Security Space Strategy (Unclassified Summary)*, 2011, p. 1.
（3）　Donald J. Kessler, et al., "The Kessler Syndrome: Implications to Future Space Operations", *Advances in the Astronautical Sciences*, 137, 2010.
（4）　署名開放 1967 年 1 月 27 日，効力発生 1967 年 10 月 10 日，610 UNTS 205。日本は原加盟国。

ティングなどの仕組みが提案され，それぞれに展開されてきている。その一方で，国際条約の作成が行われない状況は，条約に規定されていない規則が慣習国際法の要件を満たさない限りは，国際法上の義務として表出せず，国際法上はいわゆる凪の状態にあるともいえる。

　日本政府は，欧州諸国や米国と同様に，宇宙活動に対するルール形成において主導的な役割を果たしたいと考えている[(5)]。その背景には，国際市場における自国の宇宙産業の発展，ひいてはそれを自国経済の発展の原動力としたいという思惑がある。もちろんこれによって自国産業への他国の依存度を高めて，安全保障上の優位性を生み出そうという意図もあろうし，民間活用によって青天井に伸びがちな宇宙開発に係るコストに対する国家予算の負担を減らし，より先端的な研究開発に振り向けようという意図もあろう。しかし，国際条約作成の機運がなく，国際条約以外の規範的文書が乱立している状況にあって，「ルール形成に主導的な役割」を果たすためには，何に注目し，どのフォーラムにおけるどの議論に参画し，どのような論点を追求すれば効果的なのか，については，自省も込めて，これまで場当たり的な対応に終始してきたと言わざるを得ない。この原因としては，国際条約以外の規範的文書に対して，どのような指標で分析，評価し，優先順位をつけていけばよいかが明確化できていないことが背景にあるのではないか。そしてこれらを明確化できていない原因は，国際的なルール形成がどのようなメカニズムで進展しているか，そこから逆算してどの文書やフォーラムでの議論が国際法秩序に最も影響力が大きいかということを理解するための構造的視点が欠けていることにあるのではないか，という問題意識に至った。

　そこで本書は，国際法による商業宇宙活動に対する規律を構造的に捉えることにより，宇宙活動のルール形成への実務に対する理論的基盤を与えることを目指す。これにより，その構造と現実のギャップに規範の発展の余地があり，注力に値する箇所であることがわかり，その論点をいち早く発見して議論を先導することで，今後の国際的な宇宙活動のルール形成において主導的な役割を果たすことができるのではないかと考える。

---

(5)　宇宙基本計画（令和5年6月13日閣議決定）41頁。

第 2 節　問題の所在と本書の位置づけ

　宇宙活動に対する国際法の規律は，国際法が国家の権利義務関係を規律する法であることから常に国家との関係で論じられてきた。そのため先行研究の大半は，商業宇宙活動に対する規律は国内法に委任されているとして，それ以上の追究をしていないが[6]，特に 21 世紀以降の商業宇宙活動の活発化を受けて踏み込んだ検討を行うものが少数見られるようになってきた。宇宙法研究のパイオニアの一人である Lachs は，この論点を発展すべき課題の一つとして将来世代に託している[7]。これらの検討は，①宇宙活動に対する国際法の規律は国家間のレベルで及ぶものであり，商業宇宙活動に対する規律は国内専権事項であることから，国内法を通じてのみ及ぶものであるという二元論に近い前提に立ったもの，②新たな国際立法が困難な国際情勢を背景に，近い将来の宇宙活動の規律が国内法制の調和的な発展にかかっているとするもの，③国内法制を包含した宇宙活動を規律するしくみを構造的に捉えようとするもの，に大別できる。

　①については，Jakhu が 2010 年の宇宙活動に対する国内規則をまとめた書籍の編集に当たって，同書が（国際法ではなく，）国内規則が商業宇宙活動を規律する法体系となることから，15 の主要活動国の国内規則の実態をまとめて紹介した初めての出版物であるとしている[8]。同書の序論を執筆した Spencer は，国内規則の蓄積によって事実上の監督の基準を作成することが国際宇宙法における国内規則の位置づけであるとした上で，それら国内規則の調和と国際責任を実施するためのメカニズムの必要性を強調する[9]。また Jakhu は別著において，国内規則は国際法とは一線を画した世界で発展するものであり，その発展と調和が期待されるとしている[10]。

（ 6 ）　代表的なものとして，Stephan Hobe, et al. (eds.), *Cologne Commentary on Space Law Vol I Outer Space Treaty* (Carl Heymanns Verlag, 2009), Article VI, para. 56-71.
（ 7 ）　Manfred Lachs, *The Law of Outer Space: An Experience in Contemporary Law-Making (Reissued edition)* (Martinus Nijhoff Publishers, 2010), pp. 114-118.
（ 8 ）　Ram S. Jakhu, "Preface" in Ram S. Jakhu (ed)., *National Regulation of Space Activities* (Springer, 2010), pp. vii-viii.
（ 9 ）　Ronald L. Spencer, Jr., "International Space Law: A Basis for National Regulation" in *ibid*, pp. 1-21.

Hobe は，宇宙条約6条第2文後段によって商業宇宙活動が行われる国家は当該活動へ許認可を与えるための国内宇宙法を立法する義務を負っているとするが，各国の許認可基準に差異が生じること等に対する問題点は指摘せず，新たに立法しようとする国々へのガイダンスとして国際法協会（ILA）が作成したモデル法や「宇宙活動のための国内立法国連勧告」[11]を推奨する[12]。

　中村は，今日の宇宙活動が拡大する状況において，宇宙法の規範形成は，責任の事後追及の制度の拡充よりも予防重視に向かっているとする一方で，宇宙条約の構成上，宇宙空間に国家以外のアクターを観念しなかったことが，商業宇宙活動に対する規制導入のための規範作りが進まなかった原因と指摘する[13]。

　②としては，典型的には Zhao のように，国際レベルでの拘束的なルールが成立させられない現状において，国内立法が宇宙活動の規律に対して重要な役割を果たすと説くものがある[14]。

　Lyall と Larsen は，商業宇宙活動に対する規律は，許可及び継続的監督によって宇宙条約の遵守を確保する義務を国家が負っていることから，許可要件にその要素をくまなく反映し，必要に応じて許可付与を拒絶するような厳格な運用をしなければ，当該国の国際責任が問われることになると強調する。また，現行宇宙条約においては衛星運用国の責任，許可及び継続的監督の移転や放棄，複数の所有者がある場合の許可及び継続的監督のあり方等の規定が不足していることから改訂の必要性を訴えている[15]。

　Baumann と Pellander は，国内規則には国際法の国内履行確保のほかに，国際レベルでは拘束力のない規則を国内的に拘束力を持たせる効果，国際レベル

---

(10)　Ram S. Jakhu and Joseph N. Pelton (eds.), *Global Space Governance: An International Study* (Springer, 2017), pp. 87-142.
(11)　*Recommendations on national legislation relevant to the peaceful exploration and use of outer space*, U.N. Doc. A/RES/68/74, 16 December 2013.
(12)　Stephan Hobe, *Space Law (First Edition)* (Nomos Verlagsgesellschaft, 2019), p. 127-142.
(13)　中村仁威『宇宙法の形成』（信山社，2023 年）266-269 頁。
(14)　Yun Zhao, "Space Commercialization and the Development of Space Law", *Oxford Research Encyclopedia of Planetary Science*, 2018, July 30 <https://oxfordre.com/planetaryscience/view/10.1093/acrefore/9780190647926.001.0001/acrefore-9780190647926-e-42>
(15)　Francis Lyall and Paul B. Larsen, *Space Law: A Treatise (2nd ed.)* (Routledge, 2018), pp. 413-445.

よりも踏み込んだ要求を国内レベルで行う効果，持続可能な宇宙活動に向けた動機付けを与える効果があると説く[16]。

　同様の理解に立ちつつ青木は一歩踏み込み，商用衛星の所有権移転に伴う宇宙物体登録に対する国家実行の分析を通じて，打上げ国を基準とした国家管轄権の特定による規律の努力は放棄されつつあり，国際的責任を負うこととなる自国の宇宙活動として特定するための国内規則の調整が必要な時期に差し掛かっていると指摘する[17]。

　国内立法について，COPUOS法律小委員会において「宇宙活動のための国内立法国連勧告」をまとめた作業部会の議長を務めたMarboeは，国際法の義務を国内履行するための国内立法の重要性を説き，その立法内容には法的拘束力を有する国際法の法源以外にも国際的なガイドラインやいわゆるソフトローも取り込むことができるとする[18]。また，ILAにおいても国内宇宙モデル法が作成されていることから，各国国内法は調和のための明確な計画がなくとも一定の類似性を有するものになる性質を持っており，打上げ国に賠償責任を集中していることから，海洋における便宜置籍船のような問題も起きにくいとし，宇宙活動全体の持続可能性を担保するうえでの国内法制の役割の重要性を強調する。加えて，国内立法が欠けている国は多額の賠償措置を請求される危険性をはらんでいることから，国内立法は予防的な措置でもあると説き，賠償措置と予防的な規則の間に何らかの関係を見出そうとしているようにも伺える[19]。

　上記作業部会の成果は「宇宙活動のための国内立法国連勧告」として成立し，宇宙条約の義務履行のために国内法として用意すべきメニューリストの提示には成功しているといえる。

　③としては，小寺が商業宇宙活動の進展に伴って現行の宇宙条約体制には法の欠缺が多く存在していることから，宇宙法を機能的に構成する要請が存在していると指摘している[20]。

---

[16]　Ingo Baumann and Erik Pellander, "Eusuring Space Sustainability through National Space Legislation", in Lesley Jane Smith, et al. (eds)., *Routledge Handbook of Commercial Space Law* (Routledge, 2023), pp. 533-546.
[17]　青木節子「衛星の所有権移転に伴う『打上げ国』の損害責任問題」『空法』54号（2013年）1-26頁。
[18]　Irmgard Marboe, "National Space Law" in Frans von der Dunk et. al. (eds)., *Handbook of Space Law* (Edward Elgar 2015), pp. 130-138.
[19]　*Ibid*, pp.184-187.
[20]　小寺彰『パラダイム国際法』（有斐閣，2004年）149-150頁。

Von der Dunk は，独自に描写した同心円状に描いた緩やかな宇宙法体系の図式の中の最も外縁部に国内宇宙立法を位置付け，宇宙条約の義務履行のための国内立法例を挙げつつ，その規定する粒度や内容がまちまちであることが海洋における便宜置籍船と同様の問題を宇宙空間にももたらす恐れを指摘し[21]，国内規則の調和の必要性を訴えている[22]。

　この点，山本による，宇宙条約体制そのものが「宇宙活動から生ずる有害行為について，単に事後救済をはかるだけではなく，その事前防止のため，打上げ国の注意義務，協議，宇宙空間の利用の配分と規制を整備しようとするものである[23]」とする分析は示唆に富んでいる。本書はここから着想を得ている。

　以上に示した通り，先行研究は，国際法は商業宇宙活動に対しても何らかの影響があるということ，国内法制が商業宇宙活動を規律する重要な役割を担うであろうこと，何らかの構造的な捉え方が有効であろうこと等は示したものの，商業宇宙活動に対する国際法の規律構造自体を明確化するには至っていない。そこで本書ではまず，近年活動が急速に活発化している商業宇宙活動の実例を複数取り上げ，それぞれの法的課題を抽出し，それらを踏まえて見えてくる国際法上の主要な論点を抽象的に捉え直すことから始める。これらの各論点は実務上の整理としても有益と考えるが，それらの論点に共通する宇宙条約6条と7条の関係及び9条と8条の商業宇宙活動に対する作用の在り方を分析することにより，国際法が商業宇宙活動に及ぼしている規律の性質を浮き彫りにすることを試みる。その結果，宇宙活動に対して国際法は，事後統制機能と事前統制機能といえる作用を持っており，その両面を用いることで商業宇宙活動を含む宇宙活動全体に対する規律を及ぼしているという構造を見出す。そして，この事後統制機能と事前統制機能が実態的にどのように及んでいるかを，本書の前半で取り上げた商業宇宙活動の実例に当てはめて分析しなおしてみると，これらの活動に対する国際法の規律について，すでに及んでいることが明らかな部分，顕在化していないが理論上は及んでおり，活動の進展に伴って規律されるであろうと想定できる部分，そして規律が欠缺しているといえる部分を明

---

(21) Frans G. von der Dunk, *Advanced Introduction to Space Law* (Edward Elgar, 2020), pp. 115-125.
(22) Frans G von der Dunk, "Billion-dollar questions? Legal aspects of commercial space activities", *Uniform Law Review*, Vol. 23, Issue 2, 2018, pp. 418-446.
(23) 山本草二『国際法（新版）』（有斐閣，1994 年）480 頁。

らかにすることができる。

　本書はこのようにして，商業宇宙活動に対する国際法の規律のメカニズムを構造的に理解することにより，学術的及び実務的貢献につなげることを目指す。

第3節　本書の構成

　本書では，急速に発展している商業宇宙活動として，新たな活動の実証プラットフォームとしての利用が進んでいる国際宇宙ステーションの商業利用（第1部）と，衛星コンステレーション及び軌道上補給・修理サービス等の軌道上での新たな商業利用（第2部）を取り上げ，それぞれの商業活動に存在している法的課題を抽出する。そのうえで，これらから抽出された法的論点を抽象化することで見えてくる，商業宇宙活動に対する国際法の規律構造を分析し，その結果を改めて第1部で取り上げた法的課題へ当てはめることで商業宇宙活動に対する構造的分析を試みる（第3部）。

第1部　国際宇宙ステーションを用いた商業宇宙活動

第 1 部　国際宇宙ステーションを用いた商業宇宙活動

第 1 部序論

　国際宇宙ステーション（International Space Station : ISS，以下「ISS」という。）は米国，カナダ，欧州，日本，ロシアの 5 極 15 か国の多数国間条約に基づいて運用されている。1984 年に米国レーガン政権の提案によって始まった宇宙ステーション計画は，1991 年のソ連崩壊に伴うロシアの参加を経て 1998 年に新たな国際宇宙ステーション計画を実現するための「民生国際宇宙基地のための協力に関するカナダ政府，欧州宇宙機関の加盟国政府，日本国政府，ロシア連邦政府，及びアメリカ合衆国政府の間の協定」[24]（以降「ISS 協定」という。）となり，40 回以上にわたる構造物の打上げを経て 2011 年に主要構造が完成した。現在は，日米欧露の 7 種類の輸送機によって補給を行いながら運用されている[25]。ISS 協定は当初より ISS の商業利用を予定した条項[26]を備えており，商業利用者を参加させる場合にはその商業利用者を参加させる極の活動として他の参加極の同意を得ることが求められている[27]。2001 年に米国の実業家デニス・チトー氏によって初めて行われ，2021 年には実業家の前澤友作氏が行なったことでも知られる ISS への宇宙旅行[28]もこの枠組みで実施されている。ISS における商業利用は，2010 年から商業宇宙実験用船内ラックの運用を始めた米国ナノラックス（Nanoracks）社[29]がパイオニア的存在であり，同社は NASA が国際標準規格化した実験用ラック[30]に合わせて実験装置の取り付けを定型化して ISS 船内利用の商業利用者を募集し，NASA との契約[31]

---

(24)　署名 1998 年 1 月 29 日，ESA 加盟国以外に対する効力発生 2001 年 3 月 27 日。ESA 加盟国については，2005 年 6 月 28 日に効力発生（ただし英国は暫定適用）。
(25)　JAXA「国際宇宙ステーション（ISS）とは」，<https://humans-in-space.jaxa.jp/iss/about/>。
(26)　ISS 協定 1 条 1 項，9 条 3 項。
(27)　ISS 協定 9 条 3 項。Rod Jones, "International Space Station Overview Research and On-Orbit Facilities Non-Partner Participation", NASA ISS Payloads Office (2011), <https://www.nasa.gov/pdf/558162main_ISS%20Overview_HSTI.pdf>.
(28)　石橋亮介「前沢友作さんが地球に帰還 『あっという間の 12 日間でした』」，朝日新聞デジタル，2021 年 12 月 20 日，<https://www.asahi.com/articles/ASPDN2VVXPDMUH-BI02P.html>。
(29)　Nanoracks, <https://nanoracks.com/>。
(30)　JAXA「国際標準実験ラック（ISPR）」，<https://iss.jaxa.jp/kiboexp/equipment/pm/ispr/>。

を通じてこれらの装置をISSへ輸送してラックに取り付け，商業利用者が希望する実験等を実施し，そのデータやサンプルを回収して利用者へ提供するというサービスを提供している。このサービスのうち打上げや宇宙飛行士による作業は上記契約に基づいてNASAが実施している。ISS上での宇宙飛行士の作業時間や実験スペース等は，各国に付与された利用権の範囲内で使用されている。ナノラックス社はNASAとの契約に基づいてこれらを利用するため，その利用可能なリソースは，米国の飛行要素（モジュール）[32]や米国人宇宙飛行士のみならず，米国がISS上で有している利用権に準拠することになる。設備としては，米国が49％の利用権を有している日本実験棟「きぼう」のほか[33]，国立研究開発法人宇宙航空研究開発機構（以下「JAXA」という。）が2012年に実用化した「きぼう」からの超小型衛星放出機構（JEM Small Satellite Orbital Deployer: J-SSOD，以下「J-SSOD」という。）も米国の利用権の範囲内で利用されている。軌道上で必要な宇宙飛行士の作業については，その国籍に関係なく利用権の割合に応じて配分されている[34]。社会的・実用的価値の実証から始まった日本のISS利用は，2007年から「きぼう」民間有償利用によって広く利用ニーズの取り込みを図ってきた[35]。2017年頃からは，軌道上でのマウス飼育環境を整備することで実現した健康長寿研究やたんぱく質結晶生成実験による新薬設計研究等の定型化・プラットフォーム化を図るとともに，2018年にはJ-SSOD，2019年には船外実験装置（i-SEEP）の利用事業を民間移管し，ISSの商業利用を図っている。現在は，ポストISSに向けた民間主体での利用のあり方を模索している[36]。

　ISSの運用の主導権を握っている米国は，米国のISS利用権の半分を用いて

---

(31) Nanoracks, LLC and NASA, *Nonreimbursable Space Act Agreement between Nanoracks, LLC and NASA for Operation of the Nanoracks System aboard the International Space Station National Laboratory*, 9 September 2009 <https://nanoracks.com/nasa-and-nanoracks-space-act-agreement/>.
(32) ISS協定6条及び附属書参照。
(33) JAXA「船内実験装置」，<https://iss.jaxa.jp/kiboexp/equipment/pm/>；文部科学省「国際宇宙ステーション（ISS）計画概要」，2014年9月29日，<https://www.mext.go.jp/component/b_menu/shingi/toushin/__icsFiles/afieldfile/2014/09/29/1352168_2.pdf>.
(34) 文部科学省「前掲資料（注32）」。
(35) JAXA「『きぼう』利用制度」，<https://humans-in-space.jaxa.jp/kibouser/provide/>。
(36) JAXA有人宇宙技術部門，「きぼう利用戦略（第4版）」，2024年3月，<https://humans-in-space.jaxa.jp/kibouser/information/scheme/>。

NASA以外の研究機関や民間企業への研究開発目的での利用機会として開放してきた(37)。2019年には，米国企業及び民間宇宙飛行士によるISSでの商業活動に米国の利用権の5％を新たに解放することを発表し(38)，非研究開発目的での利用の解禁に踏み切った。これに対してロシアは2016年に「2016-2025年連邦宇宙計画」を策定して，ISS運用終了後はロシアモジュールのみを切り離してこれらをもとに単独で宇宙ステーションを維持する可能性を示した(39)。

このように現行のISSは2030年の運用終了が確実視されるに至って(40)，それまでの間に最大限に有効活用をしつつ，次世代の活動への参入に向けた実証を行っていく足掛かりとしての役割が大きくなってきている。もっとも，ISS退役後の地球低軌道での有人活動が縮小するわけではなく，むしろ複数の商業宇宙ステーションが投入される競争時代に入ると考えられている。NASAが2020年に，商業宇宙ステーション開発企業としてアクシオム（Axiom Space）社を選定し，現行のISSを2030年頃までに退役させたい意向を示したことで，商業宇宙ステーション利用の時代の到来を決定づけたと言っても過言ではない(41)。

ISSでの商業利用において利用される装置は大きく分けて，ISSからの小型の人工衛星等の放出や宇宙空間に曝露した状態での実験を行う船外装置と，船内にあって実験やISSの設備の操作等に用いる船内装置とに大別できる。ISSは5極がそれぞれに提供する要素（element）によって構成され，要素ごとに宇宙物体登録されている（ISS協定5条）。そのため，船内の利用においても国家管轄権が競合する場面があるが，国際法上の論点がより多く抽出できるのは，

---

(37) この機能をISS国立研究所（ISS US National Laboratory）と呼称し，先端宇宙科学センター（Center for the Advancement of Science in Space）に業務委託して利用拡大を図ってきた。Center for the Advancement of Science in Space, "ISS National Laboratory", <https://www.issnationallab.org/>.

(38) JAXA「米国におけるISSの利用促進に関する取り組みについて」，第33回文部科学省科学技術・学術審議会研究計画・評価分科会宇宙開発利用部会ISS・国際宇宙探査小委員会，2020年1月23日，<https://www.mext.go.jp/content/20200128-mxt_uchukai01-000004399_2.pdf>.

(39) JAXA「前掲資料（注35）」6頁。

(40) BBC, "International Space Station to crash down to Earth in 2031", 4 February 2022, <https://www.bbc.com/news/science-environment-6024603>.

(41) Loizos Heracleous, et al., "NASA's Capability Evolution Toward Commercial Space", Space Policy, Vol. 50 (2019).

ISS外への放出が可能となる船外装置の利用場面である。したがって第1部では，まずISSからの人工衛星や物体の放出を取り上げ（第1章），次にISS曝露部からの高解像度の地球観測を取り上げる（第2章）。最後に船内利用を取り上げ，特に商業利用において法的論点が課題となるであろう近い将来の利用形態を取り上げる（第3章）。このようにして，それぞれの具体的な商業活動に対する国際法の規律の態様を明確化していく。

第 1 部　国際宇宙ステーションを用いた商業宇宙活動

第 1 章　ISS からの人工衛星等の放出

　ここで，活動実態の概観に先立ち，国際法上の問題の所在を明らかにしておく。宇宙条約 6 条は宇宙物体に対する国際的な責任の所在を打上げ国に集約しているが，「宇宙物体により引き起こされる損害についての国際的責任に関する条約」（以下「宇宙損害責任条約」(42)）1 条(c)及び「宇宙空間に打ち上げられた物体の登録に関する条約」（以下「宇宙物体登録条約」(43)）1 条(a)によれば，打上げ国には，宇宙物体を打上げる国，打上げさせる国，自国領域から打上げが行われる国，自国の施設から打上げが行われる国の 4 種類の国が該当する。そして複数の国が打上げ国に該当する場合には，当該国家同士が共同で打上げを行ったものとみなされ，宇宙物体による損害に対しては連帯して責任を負うこととなっている（宇宙損害責任条約 5 条）。他方で，宇宙物体登録条約 2 条 2 項は打上げ国のうち 1 か国のみを登録国とすることを要求している。このため，宇宙物体を打上げさせて運用する国や一定期間の経過後に運用を引き継ぐ国等が登録国とならないケースが多数出現し，宇宙物体登録が運用実態と合わないことが問題となっている(44)。これを解決するための努力として，2004 年に COPUOS において「『打上げ国』概念の適用」決議が採択され(45)，共同打上げ国が存在する場合の責任分担についての協定締結の促進と軌道上で運用国が移転する場合の任意での情報提供の促進が図られた。加えて，2007 年には「締約国及び国際機関の宇宙物体の登録方法に関する勧告」（以下「宇宙物体登録勧告」という。）(46)を採択して任意での情報提供のためのフォーマットを作成するなどして追加情報の提供促進を図っているが，効果は芳しくない。これに加えて「打上げ」の定義が国連宇宙諸条約上は明確ではないため，ISS からの放出によって打上げ国の特定に影響があるか否か自体が不明瞭な状態に置かれ

---

(42)　署名開放 1972 年 3 月 29 日，効力発生 1972 年 9 月 1 日，961 UNTS 187。日本は 1983 年 6 月 20 日に加入，発効。
(43)　署名開放 1975 年 1 月 14 日，効力発生 1976 年 9 月 15 日，1023 UNTS 15。日本は 1983 年 6 月 20 日に加入，発効。
(44)　青木節子「宇宙の探査・利用をめぐる『国家責任』の課題」『国際法外交雑誌』第 110 巻第 2 号（2011 年）25-49 頁参照。
(45)　U.N. Doc. A/RES/59/115, 10 December 2004.
(46)　U.N. Doc. A/RES/62/101, 17 December 2007.

ている。宇宙物体登録は各国の国内登録簿を原簿とし（宇宙物体登録条約2条），その内容を国連事務総長へ情報提供することによって国際登録簿へ記載され，公開される（同3条及び4条）。しかし実行上は国際連合事務局宇宙部（United Nations Office of the Outer Space Affairs: UNOOSA）が作成したモデル登録様式[47]が用いられている。この様式には，「Launching State/States/international intergovernmental organization」の項目の中に登録国の記載項目（State of Registry or international intergovernmental organization 及び Other launching States）が設けられているが，打上げ国を明記して登録しなければならないこと，打上げの定義を明らかにしないままに，「Date and territory or location of launch」の欄が設けられていること，監督の定義を明らかにしないままに，「Change of supervision of the space object」の欄が設けられていること等の課題がある。現行国際法が指標としている打上げ国の概念のみでは，ISS からの宇宙物体の放出に対する法的基準が確定できない状況にあるため，宇宙物体登録における各国の国家実行を一貫させることができないのである。

第1節　活動の概要

ISS では JAXA が2012年に J-SSOD による衛星の放出運用を開始して以来，447機（2024年10月1日現在）の超小型衛星を放出してきたが，その放出運用形態は多様である。超小型衛星の放出は，JAXA が運用する小型衛星放出機構 J-SSOD のほかに米国のナノラックス社が運用する小型衛星放出機構である NRCSD 及び Kaber，米国 NASA が運用する小型衛星放出機構 Cyclops から行われる。ISS 利用の中で最も商業化が進んでいるこの事業では，実際の運用においてはそれぞれ超小型衛星の放出を希望する小型衛星運用者（ユーザー）からの打上げ委託とそれに付随する技術支援を行う民間事業者が NASA 及び JAXA から選定されている。米国においては2014年からナノラックス社，日本においては2018年から Space BD 社と三井物産エアロスペース社[48]がそれにあたる。これらの事業者は，ユーザーからの受注を受けて衛星放出のための

---

(47) U.N. Doc. UNOOSA/REG/FRM/1（2020）.
(48) JAXA「国際宇宙ステーション（ISS）『きぼう』日本実験棟からの超小型衛星放出事業民間事業者の選定結果（『きぼう』利用初の民間開放）について」，2018年5月29日，<https://www.jaxa.jp/press/2018/05/20180529_microsat_j.html>。

手続きや技術的な準備を行い，衛星放出を実現している。この場合，実際の超小型衛星の打上げ及び放出運用は，これら民間事業者から委託を受けたNASA又はJAXAが実施している。地上からISSへの輸送手段としては，NASAによるスペースシャトル（2011年退役），JAXAによる「こうのとり」（2020年度に退役し，2025年度より後継機が運用予定），ロシアによる「ソユーズ」，「プログレス」，欧州宇宙機関（European Space Agency: ESA，以下「ESA」という。）による「ATV」（2014年に退役），及び米国商業輸送機（スペースエックス（Space Exploration Technologies（通称「SpaceX」））社の「ドラゴン（Dragon）」，ノースロップ・グラマン（Northrop Grumman）社の「シグナス（Sygnus）」，ボーイング（Boeing）社の「スターライナー（Starliner）」という多様な手段のいずれかが選択される[49]。ISSに到達した衛星は宇宙飛行士の手によってそれぞれの装置に設置された後，予め決められた手順に従って放出される。放出信号は米国装置の場合にはNASAから，日本の装置の場合にはJAXAの筑波宇宙センターからNASAのジョンソン宇宙センターを経由して発出するのが通常だが，宇宙飛行士がISS内から発出することもできる[50]。

　J-SSODは，JAXAが運用する放出機構で，2012年に運用が開始され，筒状の放出機構に地上で衛星を装填してISSへ輸送し，宇宙飛行士の手で親アーム先端取付型実験プラットフォーム（MPEP）に設置された状態できぼうエアロックよりISSの船外に出され，きぼうロボットアームによってMPEPを把持し，軌道投入位置までアームを伸ばした後，放出信号によって放出する運用形態をとる[51]。放出機構としては，3Uサイズ[52]の筒を2本束ねたもの，これらを縦に並べて細長い6Uサイズにしたもの，50kg級衛星サイズの3種類を基本として運用されている。2016年には6Uサイズの筒を4本束ねた形の放出機構が開発され，最大で1Uの衛星を24機，または6U縦長サイズの衛星4機の放出を可能とした（ただし運用実績としては6Uサイズの筒2本による。）。

---

(49) NASA, "Visiting Vehicles Launches, Arrivals and Departures", <https://www.nasa.gov/feature/visiting-vehicle-launches-arrivals-and-departures>.
(50) 2014年2月11日に行われたJ-SSODからの放出は，若田宇宙飛行士によって実施された。Dan Vergano「小型衛星の放出，若田宇宙飛行士が実施」，Nikkei National Geographic, 2014年2月18日，<https://natgeo.nikkeibp.co.jp/nng/article/news/14/8906/>。
(51) JAXA「JEMペイロードアコモデーションハンドブック -Vol.8- 超小型衛星放出インタフェース管理仕様書」，JX-ESPC-101132-0D，2020年5月。
(52) 超小型衛星CubeSatにおける国際規格「U」（ユニット）。趙孟佑「超小型衛星における国際標準化」『航空と宇宙』第810号（2021年）21-36頁参照。

第1章　ISSからの人工衛星等の放出

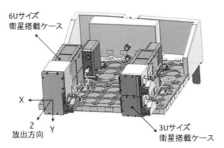

図1　MPEPに取り付けられた放出機構（「前掲資料（注51）」より抜粋，画像提供：JAXA）

図2　「きぼう」から放出される超小型衛星（画像提供：JAXA/NASA）

2020年には，軌道上装填型のJ-SSOD-Rを開発し，衛星を輸送用の簡易ケースに格納してISSに輸送し，宇宙飛行士が同ケースを放出機構に接続してケース内で放出機構側へ装填して，そのまま放出運用に移行できるようになり，これまでは放出ごとに製造が必要になっていた放出機構をISSに保管して繰り返し利用できるようになった[53]。これまでに32か国の衛星を86機放出しており，これにはJAXAが国連宇宙部との共同事業として2015年から実施して

いる KiboCUBE プログラムによる放出も含まれている[54]。

　NRCSD は，ナノラックス社が運用する放出機構で，J-SSOD と同様にきぼうエアロックを通じて船外に引き出された後，きぼうロボットアームの先端に把持されて放出位置まで移動し，衛星を放出する。J-SSOD より 2 年後の 2014 年に運用が開始され，6U サイズの筒を 4 本束ねた形の放出機構を MPEP に 2 列に取り付けるタイプによって，48U の最大放出能力を持った[55]。より大型の衛星需要にも対応するように翌年には 12U サイズの筒を 2 本束ねたタイプの NRDD も実用化している[56]。また，ISS とは異なる軌道への需要にも対応して，2018 年には ISS への補給船の一つであるシグナス宇宙船に取り付けて，同宇宙船が ISS から離脱した後に放出を行う NRCSD-E を実用化している[57]。同様のコンセプトは日本の宇宙ステーション補給機「こうのとり」の後継機として 2025 年度以降に初号機打上げ予定の HTV-X の技術実証ミッションにおいても，放出高度 200km ～ 500km を実現する放出機構 H-SSOD が計画されている[58]。NRCSD 及び NROD は 2020 年末時点で 200 機以上の放出実績を有している[59]。

　Cyclops は，NASA が運用する放出機構で，きぼうエアロックを通じて船外に引き出された後，きぼうロボットアームの先端に把持されて放出位置まで移動し，そのまま衛星を放出する。ただし，きぼうロボットアームからカナダ

---

(53) JAXA「小型衛星放出機構（J-SSOD）」, <https://humans-in-space.jaxa.jp/biz-lab/experiment/ef/jssod/>.
(54) 毎年 1U サイズ衛星 1 機の放出機会を国連を通じて公募して JAXA による技術アドバイスを含めて提供している。JAXA「発展途上国等の宇宙関連技術向上への貢献等を目指した『きぼう』からの超小型衛星放出の利用機会提供に係る国連宇宙部と JAXA との連携協力の開始について」, 2015 年 9 月 8 日, <https://www.jaxa.jp/press/2015/09/ 20150908_unoosa_j.html>.
(55) NanoRacks, *NanoRacks CubeSat Deployer（NRCSD）Interface Definition Document (IDD)*, NR-NRCSD-S0003, 29 May 2018.
(56) NanoRacks, *NanoRacks DoubleWide Deployer（NRDD）System Interface Definition Document (IDD)*, NR-NRCSD-S0002, Rev. A, 22 September 2017.
(57) NanoRacks, *NanoRacks External CubeSat Deployer（NRCSD–E）Interface Definition Document (IDD)*, NR-NRCSD-S0004, 31 August 2018.
(58) JAXA「新型宇宙ステーション補給機（HTV-X）の開発状況について」, 第 60 回文部科学省科学技術・学術審議会研究計画・評価分科会宇宙開発利用部会, 2021 年 2 月 9 日, <https://www.mext.go.jp/kaigisiryo/content/20210209-mxt_uchukai01- 000012703_10.pdf>。
(59) Nanoracks, "How Deploying Your Satellite from the International Space Station Brings Value to Your Organization", <https://nanoracks.com/products/iss-launch/>.

第 1 章　ISS からの人工衛星等の放出

アーム 2 へ引き渡して ISS 上の別の放出場所まで移動した後に放出することも可能となっている[60]。100kg 級の衛星までが放出可能で，筒状の放出機構と異なり，衛星の形状を問わないものになっており，CubeSat 規格に対応していない衛星の需要に応える形の放出機構である。国連への宇宙物体登録で確認できる範囲では 3 機の放出実績がある。

　Kaber は，NRCSD 同様にナノラックス社が運用する放出機構で，きぼうエアロックを通じて船外に出された後，カナダアーム 2 の先端に把持されて放出位置まで移動し，そのまま衛星を放出する[61]。NRCSD と Cyclops の特徴を併せ持った放出機構で，カナダアーム 2 を利用することで放出軌道の自在性を広げた。国連登録簿への宇宙物体登録で確認する限り 3 機の放出実績がある。

　Bishop エアロックは，ナノラックス社が運用するもので，これまできぼうエアロックの稼働に頼っていた衛星放出や船外への引き出し機能を代替する商業エアロックである。米国モジュールにて衛星を取り付けた後に，カナダアーム 2 で Bishop エアロックごと同モジュールから取り外して放出位置まで移動させ，取り外したエアロック側の開口部から衛星を放出することができる[62]。きぼうエアロックのサイズや形状，利用可能時間や回数等の制約を排除し，加えてカナダアーム 2 によって放出軌道の選択肢を広げ，かつ民間事業者がその運用を行うことによって，商業ニーズの大幅な獲得増を見込んでいる[63]（Bishop 自体の宇宙物体登録は確認できていない。）。Bishop は将来的には商業宇宙ステーションへ移設して使用することも想定されている[64]。

　以上のように，ISS からの衛星放出活動には，ISS へ輸送した国，放出機構

---

(60)　"Cyclops: the Space Station Integrated Kinetic Launcher for Orbital Payload Systems (SSIKLOPS)", *Mechanical & Fluid Systems*, 1 April 2016, <https://www.techbriefs.com/component/content/article/tb/pub/techbriefs/mechanics-and-machinery/24258>.
(61)　ESA, "ISS Utilization: Kaber (NanoRacks Microsat Deployer System)", <https://directory.eoportal.org/web/eoportal/satellite-missions/i/iss-kaber>.
(62)　ESA, "ISS Utilization: NanoRacks Bishop Airlock Module", <https://directory.eoportal.org/web/eoportal/satellite-missions/i/iss-bishop-airlock>.
(63)　松村武宏「ISS に新エアロック『ビショップ』設置，超小型衛星放出や科学実験用」，SORAE，2021 年 1 月 6 日，<https://sorae.info/space/20210106-nanoracks-bishop-airlock.html>.
(64)　Jeff Foust, "Nanoracks finalizing space station airlock and new funding round", *SpaceNews*, 16 September 2020, <https://spacenews.com/nanoracks-finalizing-space-station-airlock-and-new-funding-round/>.

を運用した国，放出機構が接続されたモジュールの登録国，そして放出された衛星を所有・運用する国の少なくとも5つの国が登場することになる。このうち，衛星を搭載してISSへ輸送するロケットの打上げのみを打上げとみなすのか，衛星放出行為を打上げとみなすのか，あるいはその両者を一体的な行為ととらえるのかによって責任を負う範囲である打上げ国が変わることになる。このような打上げ国概念の更なる解釈の必要性は，宇宙諸条約成立時には想定されていなかったものといえる。

なお，放出機構の運用者が異なることによって打上げ国が異なる場合には，放出させたモジュールの運用国のほかに放出機構の運用者の打上げ国も打上げ国となる可能性がある。この解釈によって，当該衛星に対する許可及び継続的監督を及ぼす国及び第三国へ損害を発生させた場合の打上げ国責任を取る国，そして当該衛星に適用される国内規制も変わってくるため，整理が必要である[65]。もっとも現在の放出機構は米国と日本のものの2種類しか運用していないため，それらの運用者がJAXAあるいはNASAまたは日米の民間企業であっても，打上げ国としての責任関係には大きな変動はない。

このほかにも宇宙物体の放出には多様な形態が存在しており，ロシアの宇宙飛行士は船外活動中に直接手を使って放出しており，この方式で20機の衛星放出が確認されている。また，類似の活動として，ISS上で不要となった大型の実験機器や寿命が尽きたバッテリーなどをカナダアーム2を用いて廃棄し，大気圏に再突入させる運用も行われている。このように放出する衛星や物体の所有者・運用者と地上からISSへの輸送を行う者，ISSからの放出運用を行う者がそれぞれ別の機関，国籍の当事者となる。宇宙物体登録条約に基づいて国連が各国から受けた通報をもとに国連宇宙部がまとめた宇宙物体インデックス[66]から，ISSから放出されたと識別できる物体を抽出することができる。これらを放出装置ごとに分類整理したものを表1にまとめた。

ISSからの人工衛星等の放出活動にあたっての法的課題は次の3つに整理できる。①打上げ国の特定，②管轄権及び管理の権限を及ぼす国の特定，③許可

---

(65) Setsuko Aoki, "State Responsibility Facing the Growing Diversity of Space Projects and Actors - The Case of Satellite Deployment from an International Space Station", in Marietta Benko and Kai-Uwe Schrogl (ed.), *Outer Space — Future for Humankind : Issues of Law and Policy* (Eleven, 2021), pp. 396-397.

(66) UNOOSA, "Online Index of Objects Launched into Outer Space", <https://www.unoosa.org/oosa/osoindex/>.

第1章　ISSからの人工衛星等の放出

表1　ISSからの放出の態様（2024年10月1日現在）

放出装置	運用時期	最大放出能力	放出装置を運用する国	放出される物体の登録国	物体登録された放出設備（設備の登録国）	放出時に放出設備が取り付けられているモジュール	放出信号の発出操作が行われる場所	実績
J-SSOD（地上装填型）	2012年〜	3U×4式またはW6U（30cm×20cm×10cm）×2式または50cm級×2式	日本	多国籍	きぼうロボットアーム（日本）	日本	日本	86機
J-SSOD-R（軌道上装填型）	2020年〜	12U×2式	日本	多国籍	きぼうロボットアーム（日本）	日本	日本	
NRCSD	2014年〜	6U×4式×2列	米国	多国籍	きぼうロボットアーム（日本）	日本	米国	263機
NRDD	2017年〜	12U×2式	米国	多国籍	きぼうロボットアーム（日本）	日本	米国	
Cyclops	2014年〜	100kg	米国	多国籍	きぼうロボットアーム（日本）/カナダアーム2（カナダ）*	日本/米国	米国	3機
Kaber（NRKDS）	2017年〜	24U/82kg	米国	多国籍	カナダアーム2（カナダ）	米国	米国	3機
Bishop	2021年〜	120U相当	米国	多国籍	カナダアーム2（カナダ）	米国	米国	—
宇宙飛行士による放出	(1998年)2014年〜		宇宙飛行士国籍国（ロシア）	多国籍	ロシア人宇宙飛行士（ロシア国籍）	ロシア	ロシア（宇宙飛行士の意図）	20機
ロボットアームによる軌道上廃棄	2020年〜	—	日本/カナダ	多国籍	きぼうロボットアーム（日本）/カナダアーム2（カナダ）	日本/米国	日本/米国/カナダ	2機

（ISS補給船からの放出）

放出装置	運用時期	最大放出能力	放出装置を運用する国	放出される物体の登録国	物体登録された放出設備（設備の登録国）	放出時に放出設備が取り付けられているモジュール	放出信号の発出操作が行われる場所	実績
NRCSD-E	2018年〜	6U×6式	米国	多国籍	Cygnus宇宙船（米国）	—	米国	70機
H-SSOD	2025年予定		日本	多国籍	HTV-X1号機（日本）	—	日本	—

（* 技術的には可能だが、現在までの実績はきぼうロボットアームのみ。）

及び継続的監督を及ぼす国の特定である。次節以降にこれらの課題を順に検討していく。

第 2 節　打上げ国の特定

ISS からの放出活動においては，地上から ISS へ輸送する際の貨物としての打上げと軌道上で ISS から放出して衛星として機能する状態に置く放出行為の 2 つが打上げに該当しうる行為として存在している。そこで，放出行為における「打上げ」をどの時点の行為とみなすかが問題となる。これによって宇宙条約 7 条及び宇宙損害責任条約上の賠償責任の所在が変化するためである。

この点，宇宙条約をはじめとするいかなる国連宇宙諸条約も「打上げ」行為を定義していないため，用語の通常の意味に従って解釈する[67]。「打上げる(launch)」とは「打ってあげる。高く飛ばす[68]」ことであり，字義どおりに解釈すれば，地表面から宇宙空間へ物体を上げることを指す。ISS から放出する衛星についてこれに該当するのは，地上から ISS への輸送である。しかし，これらの衛星は一旦 ISS へ輸送された後，ISS 内で宇宙飛行士の手を介した後に放出作業を経て初めて宇宙空間における軌道に投入されるのであって，地上から打ち上げられてから宇宙空間で自律的に運用されるまでの間にはギャップがある。通常の人工衛星においては，地上からロケットによって打上げられた後，ロケットから切り離されると同時に自律的な運用は始まっているため，ロケットによって宇宙空間に打ち上げられたということができよう。しかし，ISS から放出される衛星においては，ISS への輸送のみではそれに相当する行為は完結せず，ISS からの放出という行為をもって完結すると言える。この点において，①字義どおりに解釈して地上から ISS への輸送を打上げとみなす，②ISS からの放出を打上げとみなす，③ISS への輸送から放出までの一連の行為全体を打上げとみなす，という 3 通りの解釈が可能である。以下にそれぞれの利害得失について論じる。

①地上から ISS への輸送を打上げとみなす場合

打上げ国の特定を複雑化させないという観点では，地上からの ISS への輸

---

[67]　ウィーン条約法条約 31 条。
[68]　新村出編『広辞苑（第 7 版）(机上版あ〜そ)』(岩波書店，2018 年) 268 頁。

送を打上げとみなす考え方が最も適しているといえる。確かに字義どおりに解釈すれば，地上からISSへの輸送をおいて「打上げ」の意義に一致する行為はないが，輸送だけでは宇宙空間で活動するには至っておらず，その目的が達成されたとは言えない。加えて，行為の形式に着目すれば，地上からの輸送機そのものが単一の「打上げ」であり，その打上げに複数の貨物が搭載されてISSに輸送されるものだが，当該貨物の大半はISS内部での利用に供されるものであって独立の宇宙物体として機能することを期待されているものではないため，搭載貨物を一律に打上げられる宇宙物体と認識することは実態にそぐわない。加えて，貨物として打ち上げられた放出衛星は，ISSにおける放出行為を経て所定の軌道に投入されるので，ISSへ輸送されたのみでは依然として目的の途上にある状態というべきである。

また，宇宙物体登録上も問題が生じる。輸送機の打上げにおいての登録は，輸送機の機能，目的を登録するが，搭載貨物としての衛星は電源が投入されていない状態でISSに到達する。輸送機はその後，地上に帰還するか大気圏に再突入して廃棄するため，ISSへ到達した後に軌道上から消滅するまでの運用が登録される。他方で衛星はISSからさらに軌道投入されるため，異なる記載をする必要がある。宇宙物体登録の実行としては，別の物体として登録することができるが，貨物機で輸送中の衛星は他の貨物と同じ性質であり，ISSから放出されて初めて別の機能を付加されるものであるため，輸送開始時点で宇宙物体として扱うべきものを画定することが困難になる。したがって，打上げ国の特定が容易であり，責任関係を複雑化させないというメリットを勘案しても，この解釈を取ることは困難と言わざるを得ない。

② ISSへの輸送から放出までの一連の行為全体を打上げとみなす場合

今日においては，1つのロケットで複数の衛星を打ち上げるケースは珍しくなくなった[69]。そこで，このような複数衛星を軌道投入するロケットと，ISSからの放出を経て軌道投入される衛星との差異は極めて小さくなったと言える。すなわち，ロケットの上段機体が機械的に果たす軌道投入の役割を，ISS上で

---

[69]　2021年にスペースエックス社は143機の同時打上げに成功している。「スペースX，衛星143機の同時打ち上げに成功『史上最多』」，AFPBB News，2021年1月25日，<https://www.afpbb.com/articles/-/3328132>。また，静止軌道へ10トンの輸送能力を持つアリアンスペース（Arianespace）社のAriane 5ロケットは開発当初より2機同時搭載を想定している（Arianespace, "ARIANE 5", <https://www.arianespace.com/vehicle/ariane-5/>）。

宇宙飛行士の手と地上からの遠隔操作を介して担っているに過ぎず，ISS から放出する衛星も，ロケット同様に，ISS 放出を通じて打ち上げられているとみなすことができよう。すなわち，貨物としての輸送から始まって ISS から放出されるまでの一連の行為全体を打上げとみなすことができるのではないか。

　しかしこのように考えると，衛星とともに複数の貨物を混載して ISS へ輸送する輸送機の打上げと，当該貨物中で将来的に衛星の機能を有するものとの打上げが一体となって行われていると観念する必要があるが，地上から部品を輸送して軌道上で組み立てる宇宙機や，軌道上で 3D プリンタ等を用いて製造する宇宙機も近い将来に構想されている現代にあっては[70]，どこまでの完成度があれば将来衛星になるものとして取り扱うのかを識別することは，困難である。

　③ ISS からの放出を打上げとみなす場合

　地上から ISS に輸送された後に宇宙空間に放出される時点を打上げとみなす場合，「打上げ」という字義にはそぐわなくなる一方で，直接宇宙空間へ軌道投入する時点と一致し，宇宙条約が予定していた打上げの効果が生じる時点と一致させることができる。また①②の考え方を取った際の不都合が解消できる。しかし他方で，打上げ国の特定においては，放出を行った国，行わせた国，放出がその領域から行われた国，その施設から行われた国がすべて異なるばかりか，それぞれに複数の国が関わっているケースも発生し，①に比べると格段に打上げ国となり得る国が増えることになり，責任関係が複雑になる。

　国際法上の打上げの定義が明確でなく，上記のいずれの考え方も一長一短であるため，各国の国家実行を見てみる必要がある。国家実行としては，国連登録簿において各国がどのように宇宙物体を登録，または情報提供しているかの傾向を比較分析することによって，打上げをどのように定義しているかを類推することが可能となる。国連宇宙物体インデックスから各国による「打上げの領域又は場所」への記載内容を抽出することで各国が ISS からの放出衛星の打上げをどの時点と捉えているかを推定することができる（表2）。

　このうち，モンゴルは，登録国（State of registry）をモンゴルと記載しているが，「その他の打上げ国（Other launching States）」に日本と米国を明記して登

---

(70)　Redwire, <https://redwirespace.com/>.

第 1 章　ISS からの人工衛星等の放出

表 2　「打上げの領域又は場所」の記載方法[71]

国際宇宙ステーションより手動で放出	露 (23)
国際宇宙ステーションより放出	英 (3), スウェーデン (1), 露 (2), ポーランド (2), フィリピン (5), パラグアイ (1), モーリシャス (1), マレーシア (1), リトアニア (2), ケニア (1), 日本 (29), グアテマラ (1), デンマーク (2), ブラジル (3), ブータン (1), ベルギー (22)
国際宇宙ステーションきぼうモジュールより放出	米 (194)
宇宙船より放出	露 (3), 米 (25)
打上げロケットの射場	韓 (3), モンゴル (1), メキシコ (1), ルクセンブルク (2), エジプト (1), ポーランド* (1), ベルギー* (1), カナダ (1), UAE (3), 米 (19)
未登録	豪 (2), バングラデシュ (1), ブルガリア (1), コスタリカ (1), エジプト (1), ESA (1), ジンバブエ (1), ガーナ (1), インドネシア (1), イスラエル (2), イタリア (1), ネパール (1), ナイジェリア (1), ペルー (1), シンガポール (1), スリランカ (1), トルコ (1), カナダ (2), ブラジル (1), 米国 (35), ベトナム (2), 日本 (6), 台湾 (1)
（参考）自国領域	旧ソ連 (2)
（参考）ミール宇宙ステーションより放出	露 (5)

※（カッコ内は衛星数）　*打上げ（launch）と放出（deploy）を併記。

録し、「打上げの領域又は場所」としてロケットの打上げ射場である米国ケネディ宇宙センター所在地を記載している[72]。ここで地上からの打上げ行為には関与していないにもかかわらず日本を打上げ国の一つと数えているのは、ISS からの放出を打上げに含まれる行為と解釈しているためであると推測できる。ポーランドは 2 機のうち 1 機分のみについて、「その他（Other informa-

---

[71]　2023 年 3 月 5 日時点の宇宙物体インデックスを用いて分析した。最新の宇宙物体インデックスを用いれば衛星数等のデータに変動はあるが、傾向としては大きく変わらない。
[72]　U.N. Doc. ST/SG/SER.E/827, 24 November 2017.

tion)」欄において，衛星が辿った経緯を詳細に記載し，打上げ（launch）の日付と放出（deployment）の日付を書き分けている[73]。ポーランドの残り1機分[74]とフィリピン[75]は同様の記載をしているが，「打上げの領域又は場所」欄には「ISS」とのみ記載し，「その他」欄にてその書き分けを記載している。ベルギーは，「打上げの領域又は場所」欄を独自に「打上げ（Launch）」と「放出（Deployment）」の2つに分けたうえで，それぞれの場所を記載している[76]。ブータンは，「打上げの日」及び「打上げの領域又は場所」の項目自体を削除して「放出」と書き換えたうえで同欄にISSからの放出年月日と「ISS」と記載する[77]。米国は，いくらかのばらつきはあるものの，大半について「ISSきぼうモジュールより放出」と記載している。これはきぼうモジュール登録国である日本も打上げ国の一つとみなすべきという認識の表われと推測できる。このように，国際的に放出に対する解釈が一定していないことを前提に，独自の解釈に基づいた記載をしている国もあれば，同一国からの同一時期の登録であっても記載が一定していない国もあるなど，登録に関する国家実行は一定していない。なお，「その他（Other information）」欄にISSからの放出等の情報を記載する国もあるが[78]，「打上げの領域又は場所」の記載欄があるため，同欄にどのように記載しているかに打上げ国としての表明の有無が表れていると考えるべきである。この点日本は一貫してISSからの放出によって直ちに登録国となることはないという運用を行ってきたが[79]，2019年9月に宇宙物体登録に係る届出マニュアルを改正して，「打上げの日」を「ISSから放出された日」，「打上げの領域又は場所」を「ISS」とする記載に統一することで徹底を図っている。また，打上げ機は空欄とし，「その他（Other information）」欄

---

[73] U.N. Doc. ST/SG/SER.E/970, 16 February 2021.
[74] U.N. Doc. ST/SG/SER.E/940, 29 May 2020.
[75] U.N. Doc. A/AC.105/INF/429, 26 April 2017.
[76] U.N. Doc. ST/SG/SER.E/930, 13 March 2020; U.N. Doc. ST/SG/SER.E/808, 14 July 2017.
[77] U.N. Doc. A/AC.105/INF/437, 10 July 2019.
[78] Aoki, *supra* note 65, pp. 404-405.
[79] 「きぼう」からの放出機会を国連宇宙部と合同で国際的に公募しているKiboCUBEプログラムでは，衛星を運用する国が登録国となることを条件としている（UNOOSA, "United Nations/Japan Cooperation Programme on CubeSat Deployment from the International Space Station (ISS) Japanese Experiment Module (Kibo) 'KiboCUBE' Seventh Round Announcement of Opportunity", 14 July 2021, <https://www.unoosa.org/oosa/en/ourwork/access2space4all/KiboCUBE/KiboCUBE_Rounds.html>。

には，"Date of launch is the date of deployment from the ISS and Territory or location of launch is the location of deployment" と記載することを指定されている[80]。この記載ぶりから，「放出」行為を「打上げ」とは別の行為と認識していることが読み取れる。他方で，「打上げの領域又は場所」を複数の国家が登録している宇宙物体で構成される総称である「ISS」と記載することで，自らが唯一の打上げ国ではないことも示していると考えられる。

　上記の国家実行を大別すると，前記①「地上からISSへの輸送を打上げとみなす場合」に該当するものとして，「打上げの領域又は場所」に打上げロケットの射場を記載している国が10か国存在するものの，17か国は「打上げの領域又は場所」に放出した場所を記載しており，③「ISSからの放出を打上げとみなす場合」の実行が大多数と言える。しかしさらに注目すべきは，未登録の66機とその23か国の運用国で，これらの衛星については打上げ時点の解釈に争いがあるために登録がなされていないものがあると推測できる。すなわち，未登録衛星については当該衛星の管轄権及び管理の権限の所在について争いがあるか，もしくは管轄権の空白が生じている，という状態に陥っている可能性がある。主要国の国内法上は，打上げは「地球上から」始まることが前提とされており，ISSからの放出は人工衛星管理の許可ではなく，打上げの許可の守備範囲とされている[81]。しかし，国内法上の「打上げ」の定義は，許可，監督を及ぼす対象を特定するための便宜上のものであって，条約解釈と同一ではない[82]。条約上の解釈は国内法の定義とは独立して存在する。少なくとも国内法には地上活動と宇宙での活動の区別を行うカテゴリーが「打上げ」ではなく「運用」や「人工衛星の管理」という概念に含まれており，条約上の「打上げ」のみを観念した（少なくとも運用国の責任を加味しなかった）国連宇宙諸条約とは前提が異なるというべきである。したがって，国際法上の打上げの時点は，国内法で定義されている打上げとは峻別して考えなければならない。

　前述の通り，大多数の国家実行は，当該衛星の貨物としての打上げではなく，放出時点を打上げが行われた時と考えていることが伺える。ただし，ISSを経

---

(80) 「宇宙物体登録に係る届出マニュアル」，内閣府宇宙開発戦略推進事務局，令和元年9月14日，改訂第1版，12-14頁。
(81) Aoki, *supra* note 65, pp. 399-402.
(82) 適用を高度100km以上と規定する豪州宇宙法も同様の考え方に基づくと宣言されている（U.N. Doc. A/AC.105/865/Add.1, 20 March 2006; U.N. Doc. A/AC.105/865/Add.11, 21 February 2012）。

由する一連の行動を宇宙物体国際登録簿に記載することも多く，上記②「ISSへの輸送から放出までの一連の行為全体を打上げとみなす考え方」を取っていないとも言い難い。このように捉えた場合には，打上げ国が貨物機の打上げから当該衛星の放出を指揮した管制官まで，その国籍国が打上げ国となり得るという極めて複雑な関係を惹起することになる。だが，国連宇宙諸条約はすでに打上げ国として複数の当事国の存在を想定しており，この複雑性は予定されたものとも言える。

第3節　管轄権及び管理の権限を及ぼす国の特定

　前節において打上げ国特定の複雑性を示したが，放出衛星に対する管轄権及び管理の権限は，一義的には打上げ国のうちの宇宙物体の登録国が及ぼすため，これまでにISSから放出された衛星がどの国によって登録されているかの国家実行を見ることで，管轄権及び管理の権限を及ぼしている国が特定できる。前述の国連宇宙物体インデックスを用いてISSから放出された衛星（表2）のうち，宇宙物体登録がされているものを抽出すると，352機分の衛星について，26か国において登録されていることが分かった。これらはすべて，日米欧露の輸送機によって地上からISSへ輸送された後に，表1に示したいずれかの手段によって軌道投入されたものだが，宇宙物体登録は当該放出衛星を運用する国においてなされていることが分かった。放出機構や輸送機の運用国による登録はなかった。

　より検討が必要なのは，66機の未登録の放出衛星をどのように解釈するかである。これらの衛星は，国連宇宙部によれば，23か国によってそれぞれ運用されている。その状況を表3にまとめた。

　表3に掲げられた23か国は，ISSからの放出衛星に関する未登録という共通点によって抽出された国々だが，その実態は様々である。ISSからの放出衛星における未登録数は，米国が35機と群を抜いて多く，それ以外の国はすべて1〜2機と極めて少ない。しかし，米国は，ISS放出衛星だけでなく，すべての運用衛星に対する宇宙物体登録の割合を見ると，91％という極めて高い確率で登録している。他方，バングラデシュ，ブルガリア，コスタリカ，ガーナ，ネパール，シンガポール，スリランカ，ベトナム，ジンバブエ，台湾については，ISSからの放出衛星にかかわらず，宇宙物体としての登録が1機もな

第1章 ISSからの人工衛星等の放出

表3 未登録物体の内訳

国	未登録機数 (うち放出機数)	全宇宙物体数に対する宇宙物体登録割合	カテゴリー	参考	
				宇宙条約批准状況	宇宙物体登録条約批准状況
バングラデシュ	2 (1)	0.0 %	A	批准	—
ブルガリア	4 (1)	0.0 %		批准	批准
コスタリカ	1 (1)	0.0 %		—	批准
ガーナ	1 (1)	0.0 %		署名、未批准	—
ネパール	1 (1)	0.0 %		批准	
シンガポール	16 (1)	0.0 %		批准	署名
スリランカ	1 (1)	0.0 %		批准	
ベトナム	6 (2)	0.0 %		批准	—
ジンバブエ	1 (1)	0.0 %		未批准	
台湾	19 (1)	0.0 %		—	
イスラエル	36 (2)	10.0 %		批准	
エジプト	8 (1)	27.3 %		批准	—
イタリア	35 (1)	44.4 %		批准	批准
トルコ	6 (1)	60.0 %	B	批准	批准
インドネシア	7 (1)	66.7 %		批准	批准
ペルー	1 (1)	75.0 %		批准	批准
ブラジル	9 (1)	79.1 %		批准	批准
ナイジェリア	1 (1)	80.0 %		批准	批准
オーストラリア	5 (2)	86.5 %		批准	批准
ESA	12 (1)	88.2 %		—	受諾宣言
アメリカ合衆国	710 (35)	91.0 %		批准	批准
カナダ	8 (2)	91.2 %		批准	批准
日本	21 (6)	93.4 %		批准	批准

31

く，そもそも宇宙物体を登録する実行が確立していない可能性が高い。このように宇宙物体登録においては未登録に対する国際法上の不利益が生じていないことから，宇宙物体登録条約の当事国であったとしても，登録の実態のない国が多く存在している状況と言わざるを得ない[83]。すなわち，通常は宇宙物体登録を行っている国が登録していない ISS 放出衛星と，通常から宇宙物体登録が行われる実行のない国が登録していない ISS 放出衛星とではその含意が異なる。そこで，表3の未登録衛星を，宇宙物体登録率が低いカテゴリーAの国と，ある程度の登録率がありながら登録していないカテゴリーBの国に分類し，カテゴリーBの国において，通常は自国が運用する衛星を登録しているところ，数機の ISS 放出衛星についてのみが未登録となっている事例を抽出し，同表中に示した。これにより，カテゴリーBにおいて未登録となっている ISS 放出衛星の未登録理由に着目すべきことが明らかとなったが，各国の国内事情については必ずしも明らかではなく，また，宇宙物体登録手続きそのものが外交手続きを通じて行われることから国連登録簿に公開されるまでには相当の時間を要することに鑑みて，現在登録手続き中の衛星も多数存在していることが伺える。したがって以下では宇宙物体登録制度の課題を浮き彫りにするため，明確な方針をもって登録を行っていない国の実行を取り上げ，制度上の課題をまとめた。

英国は1974年から国内登録簿を設置していることを2015年に公表し[84]，2014年よりその登録簿をウェブ上で公開している[85]。また，補助登録簿も設けて，英国が1986年宇宙法に基づいて許可を発給した衛星のうち，当該宇宙物体の打上げ国ではないもの，あるいは別の打上げ国が登録するべきものを補助登録簿に記載することとしている[86]。すなわち，許可の発給は宇宙条約6条にいう非国家主体による活動に対する許可・監督として認識されたとしても，

---

(83) もっともバングラデシュ，ガーナ，ネパール，スリランカ，ベトナム，ジンバブエ，台湾，イスラエルについては宇宙物体登録条約未批准国であるため，登録の義務はないが，宇宙物体登録勧告の国連総会決議に基づいた自発的な通報すら実施されていない。佐古田彰「宇宙物体登録実行における宇宙物体と国家の関係（二・完）」『商學討究』第57巻第4号（2007年）183-193頁 ; Aoki, *supra* note 65, pp. 407-409.
(84) U.N. Doc. ST/SG/SER.E/INF/32, 30 July 2015.
(85) UK Civil Aviation Authority, *UK Registry of Outer Space Objects,* CAP 2207, April 2022.
(86) UK Civil Aviation Authority, *UK Supplementary Registry of Outer Space Objects,* CAP 2208, April 2022, p. 4.

第 1 章　ISS からの人工衛星等の放出

宇宙条約 8 条に基づく管轄権及び管理の権限としては認識されないという事態が生じ得ることを認識していることが伺える。しかし，英国が補助登録簿の意義を「許可は付与したものの英国が打上げ国とはならない物体の登載」[(87)]としている点には矛盾がある。共同打上げの場合には，登録国とならなくとも打上げ国としての地位は存続するため，打上げ国責任は免れ得ないからである。したがって，登録国となることを拒絶することで管轄権及び管理の権限が及ばないとしても，打ち上げた国，打ち上げを行わせた国，自国領域から打上げが行われた国，自国の施設から打上げが行われた国のいずれかに該当している以上，打上げ国責任の否定には成功していないと考えるべきである。加えて，許可を発給することによって宇宙条約 6 条に基づく責任を引き受ける国であることは認定したとみなさざるを得ない。

　宇宙条約，宇宙損害責任条約及び宇宙物体登録条約のいずれにおいても，登録国と打上げ国の損害賠償責任上の直接の連関が設けられていないことは条文上明白であるが，宇宙物体登録が自国の国際責任と連結していると誤認しているかのように厳密に宇宙物体登録の実行を解釈しようとしているのが，英国の行動のようにも見える。しかし宇宙物体登録は，外交ルートを通じた国際登録簿への登載に相当の時間を要するばかりか，登録される軌道が衛星の運用実体とは異なる初期投入軌道であることが通常の運用であり，また衛星の軌道変更に応じて機動的に登録内容を変更する想定も手段も持ち合わせていないため，運用に利用できる情報とはなっていない。加えて，登録によって得られるメリットも未登録によって被るデメリットも不明確なため，登録内容や登録国に偏りがある。したがって宇宙物体登録の厳密な解釈運用に労力を費やすことの意義は現時点では乏しいというべきである。宇宙物体登録はむしろ，管轄権行使の表明と被害者救済の一助とするための一次的な国際責任の所在の公示的なものに留まっているものと考える。

　シーロンチ（Sea Launch）社は，米国カリフォルニア州ロングビーチを母港とするオイルリグを改修した移動式発射台と司令船を用いて公海上まで進出してロケットによって衛星を打ち上げる海上打上げサービスを提供していた。1995 年に米国ボーイング社，ロシアの RSC エネルギア社，ノルウェーの造船

---

(87) *Ibid*, p. 4. 同箇所では，当該宇宙物体に対する登録を別の打上げ国がする旨を協定した場合を並記しているが，その場合であっても共同打上げ国としての地位が変わるものではない。

企業及びウクライナの国営宇宙企業によって創業され，2014年までに30機以上の人工衛星打上げに成功している。2年間の企業再生期間を経て，2016年にロシアの大手航空会社S7航空社に買収された後，主要装置が取り外されてロシアへ回航され，改修中とされる。この方式による打上げは，公海上からリベリア船籍の発射台[88]によって打上げられていたが，米国の打上げ許可を受けていた[89]。だがこれらによって打ち上げられた衛星はそれぞれの運用国が宇宙物体登録をしている。すなわち米国の打上げ許可の発給は衛星の運用許可の発給と連動していない。

　2021年3月22日，日本のアストロスケール社が運用する初のスペースデブリ除去技術実証衛星ELSA-dが，カザフスタンのバイコヌール宇宙基地からロシアが運用するソユーズロケットによって打ち上げられた。ELSA-dは日本が宇宙物体登録を行ったが，衛星の運用は日本ではなく英国で実施されることから英国宇宙法[90]に基づいて許可を取得している[91]。英国はELSA-dを補助登録簿に登録することで，自らは登録国とはならないことを決定しており，国際法上の打上げ国責任と打上げ事業者が負う民事責任を分けて考えていると言える。すなわち，日本は国際法上の打上げ国責任を引き受けることを宇宙物体登録によって宣言し[92]，英国は事業者に対する許可及び継続的監督を通じて，英国法上事業者の民事責任があることを容認したと言える。しかし，英国が打上げ国としての責任を免れたとまでは言えず，打上げ調達に対する許可を付与している以上，打ち上げさせた国としての連帯責任を負っていると言える（宇宙損害責任条約5条）。他方で，登録を行った日本が，宇宙条約上は管轄権及び管理の権限を持つことになるが，日本はELSA-dの打上げにも運用にも許認可を与えておらず，外形上，国家管轄権を及ぼしていると認識していないようにも見える。しかし宇宙物体登録を行っている以上は，当該物体に対する管轄

---

(88)　MarineTraffic, "Odyssey", <https://www.marinetraffic.com/en/ais/details/ships/ship-id:752792/mmsi:636010468/imo:8753196/vessel:ODYSSEY>.
(89)　1999年から2014年の間に36機の許可が発給されている（FAA, "Licensed Launches", <https://www.faa.gov/data_research/commercial_space_data/launches/>）。
(90)　Outer Space Act 1986, 1986 CHAPTER 38.（以下「1986年宇宙法」という。）。
(91)　U.N. Doc. ST/SG/SER.E/1011, 22 October 2021; UK Civil Aviation Authority, *supra* note 86, p. 70-71.
(92)　宇宙物体登録条約1条(c)は，「『登録国』とは，次条の規定により宇宙物体が登録されている打上げ国をいう。」と規定しており，翻って日本は打上げ国であることを自任したことになる。

権行使は宣言しており，登録行為と許可を付与していないこととの関係について整理した説明を提供することは容易ではない。

以上の制度上の課題からも明らかなとおり，宇宙物体登録の制度そのものにあいまいな点が多いことから，国家実行においても一貫した説明が困難な点が多く，放出衛星に対する未登録の理由について論理的説明を提供することは不可能と言わざるをえない。また，この点においては主要国に共通する実行も確保されておらず，事実上の国際標準も見いだせない。唯一の示唆としては，衛星放出時点から少なくとも衛星運用国に対して打上げ国責任が発生していると認識している国が多いという傾向だけが浮き彫りとなっている点がある。そのため，登録国以外の国々が打上げ国に当たるかが一見不確かであっても，損害責任を負う国は一義的には登録国であり，登録国と運用国の間での責任分担は個別に調整されるものと一応の期待はできるものと言える。

第4節　許可及び継続的監督を及ぼす国の特定

最後に，打上げ国として明確に特定できず，かつ登録国でもない国は何らの責任も負わないか，という問題を検討する。

前2節で見た通り，ISSからの放出衛星においては，どの時点を打上げとみなすかによってはいずれの国を打上げ国として特定するかが困難となる。また，シーロンチやELSA-dのように運用の許可を発給した国が宇宙物体登録を行わないケースも既に存在している。他方で衛星運用に関する許可を発給している場合には，当該衛星に対する許可及び継続的監督を及ぼしていることになることから，自らを宇宙条約6条が規定する許可・監督の主体である「関係当事国」と認識している証左と言えよう[93]。したがって，打上げ国として特定できなかったとしても，また登録国でなかったとしても，宇宙条約6条に従って許可及び継続的監督を行っていた国に対しては，その態様が同条の要求水準を満たしていなかった場合には，同条義務違反による国際責任を追及することはできると言えよう。

---

(93)　この点，「関係当事国」の範囲に関する多くの先行研究は，当該宇宙物体に対する管轄権を有するべき国を指すと解釈しており，本書もその立場を共有する（Hobe, et. al. eds., *supra* note 6, Article VI, para. 40-47 参照）。

第 1 部　国際宇宙ステーションを用いた商業宇宙活動

　ただし，そのいずれにも該当しない場合には，責任追及が困難になり，その点において軌道上で運用主体を変更する場合については依然として課題があることになる[94]。

---

(94)　青木，「前掲論文（注17）」参照。

第 2 章　ISS からの高解像度地球観測

　ISS においては，船外に曝露したモジュールに商業用の装置が設置可能な環境も整備されつつあり，2020 年には初の商業専用エアロック Bishop[95]及び曝露プラットフォーム Bartolomeo[96]の設置が完了している。これらの装置自体は ISS へ接続しているため，前章で検討したような課題の対象とはならないが，その搭載装置としての地球観測用のセンサーやカメラのうち，高解像度で地球を観測するものに対しては，安全保障上の観点から画像の配布に対する規制を置いている国が多く，その観点での課題が浮上してくる。我が国でも 2016 年に「衛星リモートセンシング記録の適正な取扱いの確保に関する法律」[97]（以下「衛星リモセン法」という。）が成立しており，高解像度のリモセン装置の運用，画像取得，配布は許可を受けた事業者のみに許されている（衛星リモセン法 4 条，21 条）。こうした国内立法は，米国，ドイツ，フランス，カナダ等の国々が有しているため[98]，ISS 上のこれらの国が管轄権を有するモジュール上で行われる活動については，これらの国内法が適用され，競合する管轄権の処理が課題となる。

第 1 節　活動の概要

　ISS 曝露部に設置された装置には，宇宙空間における物性の変化や放射線環境の計測，深宇宙に向けた天体望遠鏡等，様々な科学実験用の装置が設置され

---

(95)　ESA, "ISS Utilization: NanoRacks Bishop Airlock Module", <https://directory.eoportal.org/web/eoportal/satellite-missions/i/iss-bishop-airlock>.
(96)　ESA, "ISS: Bartolomeo", <https://www.eoportal.org/satellite-missions/iss-bartolomeo#iss-utilization-bartolomeo---external-payload-hosting-platform>.
(97)　平成 28（2016）年 11 月 16 日公布，法律第 77 号。
(98)　米国における 51 USC 601: Land Remote Sensing Policy，カナダにおける Remote Sensing Space Systems Act（S.C. 2005, c. 45, 2005）及び Remote Sensing Space Systems Regulations（SOR/2007-66, 2007），フランスにおける Décret n° 2009-640 du 9 juin 2009 portant application des dispositions prévues au titre VII de la loi n° 2008-518 du 3 juin 2008 relative aux opérations spatiales，ドイツにおける Act to give Protection against the Security Risk to the Federal Republic of Germany by the Dissemination of High-Grade Earth Remote Sensing Data（Satellite Data Security Act — SatDSiG），*Federal Gazette (BGBl)* 2590 Year 2007, Part I No. 58, 23 November 2007）。

ているが，多くは宇宙空間そのものの観測を目的としたもので，地球観測の用途として考えられているものは少なかった。例えば，きぼう船外曝露部に搭載された実績のある地球観測用の装置は，超電導技術を用いたサブミリ波放射サウンダ（SMILES），地球超高層大気撮像観測（IMAP），スプライト及び雷放電の高速測光撮像センサ（GLIMS）の3種類である[99]。これらはいずれも地上というよりも高層大気をターゲットとしたセンサーで，地表面を観測しようとするいわゆる衛星リモセンとは異なっている。その原因は不明だが，曝露部を有するきぼうでは，地球方向の側面にはシステム機器が配置されており実験ラックの取り付けは側面及び宇宙空間側の側面に配置されている。側面に取り付けた実験ラックからの地球観測は可能だが，これまで地上を観測する装置が取り付けられた実績はない。欧州モジュールコロンバスからは地球方向に対する視界がISSの太陽電池パドル等に遮られがちで，地球観測に適した良好な視野角が確保できないとされている[100]。

コロンバスの船外に設置されたBartolomeoは，地球観測を含む科学実験の機会拡大を主眼としているが，米国モジュールに設置されたBishopは，より商業色の強いものであり，今後の法的課題が拡大する可能性が大きい。

ISSからの高解像度地球観測の実績は，定常的な地球観測を目指しているものではないが，高精度センサーの技術実証として，スペインのベンチャー企業であるサトランティス（Satlantis）社がきぼう曝露部において，超小型衛星搭載用地球観測カメラ（iSIM）の技術実証を2020年に開始している[101]。iSIMは，地上分解能1mを目標性能としており，分解能としては最先端に属する性能値となる。

日本の衛星リモセン法においては，光学センサーにおいては空間分解能2m

---

(99) JAXA「きぼう利用テーマ 地球観測」，<https://humans-in-space.jaxa.jp/kibouser/subject/tag_13.html>。

(100) ESA, supra note 96, Table 3では，コロンバス曝露部において"good"の評価，新たに設置したBartolomeoにおいて"very good"の評価が付けられ，それ以外は"obstructed"とされている。それでも同資料Table 1によれば，Bartolomeoにおける地軸（Nadir）側への視野角は画角全体の1.1％〜8.7％とされている。ただし，Bishopはカナダアーム2を用いてISS上のいかなる位置にも移動して運用が可能であるため，より視野角を確保した状態での撮像が可能となった。

(101) NASA, "Demonstration of integrated Standard Imager for Microsatellites", <https://www.nasa.gov/mission_pages/station/research/experiments/explorer/Investigation.html?#id=8028>.

以上，レーダーセンサーにおいては同 3m 以上の性能を有する装置は，その運用そのものを規制している⁽¹⁰²⁾。したがってこの基準を超える性能を有する iSIM は規制対象となるが，同装置はサトランティス社がスペインから直接運用することから，リモセン法 4 条のいう「国内に所在する操作用無線設備を用いて衛星リモートセンシング装置の使用を行おうとする者」に該当しないため，リモセン法の適用対象とはされていない。また，スペインにリモセン法に該当する法律は存在しないため，iSIM の技術実証は法的課題を抱えることなくスタートを迎えている。同社は 2021 年より NASA を通じた ISS における 2 回目の技術実証を米国防省の宇宙実験プログラムに参加する形で実施しており⁽¹⁰³⁾，同実証にどのような規制が適用されたかは注目に値する。

米国においては，1992 年の陸域リモセン政策法に基づいて長らく NOAA がリモセン規制を担当しており，リモセン衛星であれば一律に許認可を要求されていた。この非効率性に対する批判の高まりを受けて，第一次トランプ政権の宇宙政策指令 2 号⁽¹⁰⁴⁾による指示に基づき，NOAA は新たに規制対象を，①すでに米国内市場に出回っている程度の性能のもの，②米国内市場にはないが海外市場に出回っている程度の性能のもの，③いずれでもない高性能のものの 3 類型に分けて，③の類型を重点的に審査する許認可制度を 2020 年 7 月に施行した⁽¹⁰⁵⁾。これに加えてイスラエル領域に対する撮像について，商業的に入手可能な性能以上のセンサーでの撮像の禁止を措置しており，空間分解能 0.4m 以上のものの流通を禁止している⁽¹⁰⁶⁾。したがって，米国政府としては空間分解能 0.4m が商業的に入手可能な性能と解釈していると捉えることができ，空間分解能 1m の iSIM は NOAA の 3 類型の基準のうち②に該当するため，申請した場合には許可の発給が見込める。

このほか，リモセン法に相当する法律は，カナダ，ドイツ，フランス，ロシ

---

(102)　衛星リモセン法 2 条 2 号及び同施行規則 2 条。
(103)　Satlantis, "Flight Heritage", <https://satlantis.com/flight-heritage/>.
(104)　"Space Policy Directive—2 of May 24, 2018-Streamlining Regulations on Commercial Use of Space", *Federal Register* Vol. 83 No. 104, 30 May 2018, pp. 24901-24903.
(105)　Department of Commerce, NOAA, *Licensing of Private Remote Sensing Space Systems*, 15 CFR Part 960, Docket No.: 200407–0101, 20 May 2020.
(106)　*1997 Defense Authorization Act*, Public Law 104-201, 23 September 1996, §1064; Department of Commerce, NOAA, "Notice of Findings Regarding Commercial Availability of Non-U.S. Satellite Imagery With Respect to Israel", *Federal Register*, Vol. 85, No. 140, 21 July 2020.

アが有しているが、いずれも担当官庁の幅広い裁量が認められる規定ぶりとなっているため、一定の審査が介在することを見込む必要がある。カナダでは、1998 年の RADARSAT 衛星の打上げを受けて 2000 年に米国との間で締結した二国間協定に基づき、2007 年にリモートセンシング宇宙システムの運営を律する法律と関連規則を制定し、カナダ領域内でリモセンシステム運用を行う者又は領域外であってもこれを行うカナダ国籍者は外務省の許可を要することとし、当該衛星システム及び撮像データとその配布経路、配布先の安全性を担保するよう要求している[107]。ドイツでは、2007 年に衛星データセキュリティ法が制定されドイツ領域内で高解像度のリモセンシステムを運用する者又は領域外であってもこれを行うドイツ国籍者等に対してカナダと同様の規制を課している。ドイツの場合は経済貿易管理省が許可を発給し、空間分解能 2.5m 以上の能力があれば許可対象となる[108]。フランスは、独立したリモートセンシング法を制定せず、宇宙活動法第 7 編と関連政令において、リモセンデータの運用者を届出制とし、国防委員長に対して当該届出者への包括的な制限措置を委任している[109]。ロシアは、2021 年に国内のリモセン活動に対する規制を定める法案が提出され、これまで内規でしか定められてこなかったリモセン活動の規制の法制化が議論されている[110]。

---

[107] 高分解能のリモセン衛星データが広範に配布されることに安全保障上の問題があることを懸念した米国からの要請に基づいてデータ配布を制限することを保証するための協定が締結され、その履行措置としてカナダ国内で立法措置が取られたもの。詳細は、Aram Daniel Kerkonian, "The Impact of US Remote Sensing Regulatory Reform on Canada", *Air and Space Law,* Vol. 45 Issue 6 (2020), pp. 537-562 参照。

[108] Grace Nacimiento, "The Space Law Review: Germany", in Joanne Wheeler (ed.), *The Space Law Review (Edition 3)*, (Law Business Research, 2021), <https://thelawreviews.co.uk/title/the-space-law-review>; Federal Ministry of Economics and Technology of Germany, "National Data Security Policy for Space-Based Earth Remote Sensing Systems", 15 April 2008, <https://www.bmwk.de/Redaktion/DE/Downloads/S-T/satdsig-hintergrund-en.pdf?__blob=publicationFile&v=1>.

[109] Willy Mikalef, "The Space Law Review: France", in Wheeler (ed.), *ibid*; "Décret n° 2009-640", *supra* note 98.

[110] "The draft law on remote sensing of the Earth was submitted for public discussion", *TASS Russian news agency,* 4 June 2021, <https://vpk.name/en/513496_the-draft-law-on-remote-sensing-of-the-earth-was-submitted-for-public-discussion.html>.

第 2 章　ISS からの高解像度地球観測

第 2 節　リモセン法上の管轄権と ISS 上の管轄権の競合

　高解像度地球観測装置に対する規制は，適用法制度によって受けるべき許可や内容が異なるため，第一にどの国による規制が適用されるかを特定する必要がある。この点，装置を開発，運用する国はリモセン法等の独自の法律によって管轄権を及ぼすことができるほか，ISS 上ではモジュールを登録した国が管轄権及び管理の権限を保持しているため（ISS 協定 5 条），当該装置を設置する ISS 上のモジュールの登録国も，その運用場面に対しては管轄権を有することになる。例えば，前記 iSIM の実例では，スペインがサトランティス社の開発，運用に対する管轄権を有し，それを設置するモジュールの登録国である日本がその運用場面においては管轄権を有することになる。したがって両国においてリモセン法に適合的な運用となっている必要がある。日本のリモセン法の場合は，主たる運用局（同法の用語では「操作用無線設備」）が日本国内にある装置のみを対象としているために適用対象外となったが[111]，本件が欧州モジュール上に設置された実験用設備 Bartolomeo や，米国モジュール上に設置された商業エアロック Bishop における実証である場合にはどうなるであろうか。

　欧州モジュールは ISS 協定に加盟している 15 か国の欧州参加国のために ESA が登録行為を行っているが，管轄権の行使としては 15 か国の参加国がその権限を有している[112]。したがって，欧州モジュール上に設置される場合には，15 か国のいずれもがリモセン法を含むその国内法の適用を主張することになる。

　米国モジュールに設置される場合には，スペイン法に加えて米国リモセン法が適用となり，米国リモセン法は，米国内におけるリモートセンシング衛星の運用及び米国外での米国人によるその運用を適用対象としている[113]。米国は，米国登録の宇宙物体上の行為を米国領域内での行為とみなしているため[114]，

---

(111)　衛星リモセン法 4 条 1 項及び 2 条 3 号。
(112)　ISS 協定 5 条 2 項は，モジュールの登録国が当該モジュール及び自国民の搭乗人員に対して管轄権及び管理の権限を有するという宇宙条約 8 条の原則を再確認しており，欧州 15 か国は登録行為は ESA へ委任しているものの（宇宙基地協力協定 5 条 1 項），国際機関である ESA は国家管轄権行使の権能を持たないため，その行使は 15 か国が自ら行う。
(113)　15 CFR §960.2.
(114)　18 USC § 7, (6).

ISS の米国モジュール上は米国法が適用され，同モジュール上に iSIM を設置することをリモセン装置の運用と捉え，米国リモセン法上の規制対象とされる可能性がある。このように，設置するモジュールの管轄国の国内法によって規制内容が左右されることとなり，この点が商業活動に対する制約となりうる。

第 3 章　商業宇宙ステーション

第 1 節　活動の概要

　ISS は計画開始から 30 年を過ぎ，本格運用開始からも 10 年を超えており，その運用終了が視野に入ってきている。また，21 世紀に入ってから勃興してきた商業宇宙活動の波に乗り，民間宇宙飛行士の運用や宇宙ステーション自体を民間が運用する計画が開始されている。2021 年 9 月には，商業宇宙船 Crew Dragon による初めての民間人のみによる滞在型の宇宙飛行が実現しており，商業宇宙ステーションが現実のものとなりつつある。このほかにも，三井物産が資本提携したアクシオム社が商業宇宙ステーションの開発に着手し，ISS に接続するための新たな居住モジュールの開発契約を NASA から獲得した[115]。同様に商業宇宙ステーション Sierra Space Station を開発しているシエラスペース（Sierra Space）社は 2027 年の打上げを計画し，兼松株式会社が日本における共同事業会社として参画している[116]。東北大学発のスタートアップ企業である ElevationSpace 社は，ISS 後の地球低軌道利用として，宇宙利用プラットフォームの開発を始めており，Space BD 社をパートナーとしたビジネス展開を行う計画であるとしている[117]。

第 2 節　商業宇宙ステーション時代の法的な課題

　ISS 上では，ISS 協定によってモジュールごとにそれを提供する国が宇宙物体登録を行い，そのモジュール上では登録国の管轄権を及ぼされている（5 条）。また，搭乗員はコマンダーの指揮命令下に置かれ（11 条，搭乗員行動規範），

---

(115)　NASA, "Selects First Commercial Destination Module for International Space Station", Release 20-007, 28 January 2020.
(116)　兼松株式会社「商用宇宙ステーション利用による事業開発に向けた業務提携について」，2021 年 9 月 8 日，<https://www.kanematsu.co.jp/press/20210908_002723.html>。
(117)　株式会社 ElevationSpace「ElevationSpace・Space BD『ポスト ISS 時代』における日本初の宇宙利用プラットフォーム開発に向け共創開始」，2021 年 6 月 23 日，<https://prtimes.jp/main/html/rd/p/000000006.000074085.html>。

ISS プログラム上で発生した損害については相互に損害賠償請求権を放棄すること（16条），刑事裁判権については属人主義を優先させること（22条）[118]と規定されている。ISS を開発，運用するための法的構成は，各国が提供するモジュールと米国が提供する居住棟を含む基盤的要素等の役割分担（6条）とともに，その実施を担う協力機関を指定し（4条），細則を米国の協力機関たる NASA と各国の協力機関間で締結する了解覚書（MOU）において定めることとしている（4条）。こうした ISS における活動は ISS 協定という個別の条約によって作られたレジームの中で関係国のみが行っている活動として，これまでは法的関心からは遠い位置にあった[119]。しかしこれらの規則が商業宇宙ステーション上では，当然には適用されない。商業宇宙ステーション上では，運用する私企業や宇宙旅行者の国籍国が当事国である条約と国連宇宙諸条約及び一般国際法が適用されることになるなど，国際法の原則に立ち返った基準で判断されることになる。

　すでにアクシオム社による商業宇宙ステーションは，ISS に接続する形で組み立てることが決まっているが，まず，ISS に接続している状態で ISS 協定が適用になるか否かが問題となる。ISS に接続する以上は ISS 協定上の何らかの定義に基づかない限り，ISS 参加国の協力を得ることができず，カナダアームの運用を含む ISS 共通資源を利用することもできないため，他の民間利用のための機器と同様に ISS の利用（ISS 協定9条）として位置づけるのが妥当である。したがって，ISS に接続している限りは，アクシオム社のモジュールに対しても ISS 協定が適用されると考えるのが妥当だろう。同モジュールはいずれ ISS から切り離して商業宇宙ステーションとして運用することとなるので，同モジュールが「ISS の利用」ではなくなる時から，すなわち ISS からの支援を受けずに自立運用されるようになった時から ISS 協定の適用が外れる，と考えるべきであろう。その際には，同ステーションは登録国による管轄権の適用のみを受けることとなり，ISS 協定が規定する指揮命令系統，損害賠償請求権の相互放棄，刑事裁判権の調整等に関する規定は適用がなくなり，登録国の

---

(118) ISS 内の行為に対する刑事裁判権は，容疑者の国籍国が優先して行使するとされている（ISS 協定22条1項）。ただし，他の参加国の国民の生命やそのモジュールへの損害等に関する場合は，国籍国の同意があれば被害国が刑事裁判権を行使することができる（同条2項）。

(119) Lyall & Larsen, *supra* note 15, pp. 106-114.

国内法に基づいて処理されることとなる。同ステーション上に複数の国籍を有する者が滞在する場合には、管轄権の競合が生じ、国際法の原則に従った調整がなされることになる。この場合、対象行為が行われた場所には、登録国の管轄権が及んでおり、これには立法的管轄権も司法的管轄権も含まれることから、登録国がその行為地と推定することができる[120]。国際協力プログラムとしてのISSの特別な多数国間条約に基づく枠組みから外れたときに、既存の国際法の解釈で十分なのか、新たな国際立法を要するのかが課題となる[121]。

---

[120] 増田晋「宇宙活動と国際私法による考察」『慶應法学』第15・16号（2010年）41-51頁参照。
[121] 石井由梨佳「『先端的な宇宙活動に関する法的課題』研究会成果報告」慶應義塾大学宇宙法研究センター第13回宇宙法シンポジウム、2022年2月28日、<https://space-law.keio.ac.jp/pdf/symposium/symposium_20220228_04.pdf>。

第 1 部　国際宇宙ステーションを用いた商業宇宙活動

第 1 部小括

　宇宙活動の商業化の時代を反映して，ISS は技術的に多様な利用を試行するテストベッドとしての活用が盛んになってきている。そこには技術実証のみならず，商業利用の要素を取り込んだ試行的な試みや，ビジネスとしての手順や成立性の検証なども盛り込んだビジネス実証のような使い方がされる機会も増えており，ポスト ISS を見据えた利用方法への展開が顕著である。これに加えて，本格的な商業利用を見据えた制度上の手続きや課題抽出なども併せて行われているのが現状であり，それによって制度上の課題や本格的な商業利用に際しての発展可能性等を検証する好機を与えている。その意味で ISS は，制度検証の面でもテストベッドの役割を果たしているといえる。

　ISS からの人工衛星等の放出に当たっては，打上げ国の特定，管轄権及び管理の権限を及ぼす国の特定及，許可及び継続的監督を及ぼす国の特定の 3 つの大きな法的課題がある。放出された衛星の打上げ国特定においては，放出の時点を打上げとみなすか否かが重要な論点だが，解釈が不明瞭な点は多いものの，国家実行からは，ISS への輸送から衛星放出までの一連の行為全体を打上げとみなす考え方が主流ともいえる。管轄権及び管理の権限を及ぼす国として，衛星を運用する主体が存在する国が主体性を持つべきとする考え方がある程度支持されていると言えるが，宇宙物体登録の制度に不明瞭な点が多いことから，登録によって管轄権を明示するような一貫した国家実行には至っていない。登録国でなくてもその活動に許可及び継続的監督を及ぼす国となることはでき，実質的に運用国がそれを及ぼすべき国と目されるが，意識的にその責任を免れようとしたり，その責任を自覚していない国が存在している実態も散見される。

　ISS からの高解像度地球観測においては，当該観測装置が搭載される宇宙物体に対して管轄権及び管理の権限を及ぼす国と，当該観測装置が運用される国の両方からのリモセン法上の管轄権の競合が課題となり，二重規制が生じる可能性がある場合には事業者から敬遠され，ビジネスの機会を奪うことにもつながりかねない。

　商業宇宙ステーションにおいては，現在 ISS にて提供されている特別な国際レジームから離れることを想定し，どのような法的枠組みをどの国の法体系

第1部小括

に基づいて構築することが適切かが課題となっている。

　総じて，ISSの商業利用においては，法的紛争になった際に個別具体的に争われる可能性のある論点が残されてはいるものの半世紀以上の国連宇宙諸条約及びISS協定の運用を通じて，関係国がそれらを十分に認識しながら活動してきた蓄積がある。そのため，近い将来の商業宇宙ステーション時代に至るまでの間のテストベッドとしての商業宇宙活動において，自由な活動を展開するにあたっての大きな障壁は見当たらない。他方で，関係各国の国内法に委任された範囲においては，管轄権の競合の処理が必要な場面が散見されることに加え，関係国のそれぞれの国内法に対する調和の指針等が具体的に確立しているわけではないことから，相矛盾する規則や一国における極端な規制が適用される恐れも排除できない。これらは，商業宇宙活動にとっては不確定のリスクとなり，自由な活動の限界を形成しうる。このようなリスクを避ける観点に立てば，商業活動は，法整備が確立し，改正プロセスにも透明性が担保されている国に事実上限定されているともいえる。すなわち，当該商業活動にとってより確実性の高い規則を持つ国に事業者が偏在していく傾向が見られても不思議ではない。

第２部　軌道上の新しいタイプの商業宇宙活動

第 2 部　軌道上の新しいタイプの商業宇宙活動

第 2 部序論

　宇宙活動を行う主体の数が国家から民間へとその比重を移している実態を反映して，民間の技術開発と資金流入が活発化し，宇宙先進国を中心に新規参入事業者が増加しつつある。そのような状況下で，公的機関にはなかった発想やビジネスチャンスを見出して，新たな軌道の利用方法による商業宇宙活動が活発化している。

　このような活動には，伝統的な商業宇宙活動と目されてきた，静止軌道からの衛星通信・放送事業や地球観測衛星が撮像した地球のデータを利用した事業では生じてこなかった法的な論点を多数見出すことができる。21 世紀に入ってからのいわゆるニュースペースとして商業宇宙活動の主役の座を占めるようになった新たな軌道の利用方法による活動における法的な課題を論じる必要性が高まっている。

　そこで第 2 部では，近年発展し始めた人工衛星の編隊飛行（コンステレーション）によって主に通信事業を展開することを目的とした商業活動（第 1 章）と，軌道上で補給や修理サービスを提供する軌道上サービス事業（第 2 章），それらの事業者ニーズを見越して発展した，宇宙状況監視（SSA）サービス事業（第 3 章）を取り上げる。

第1章　衛星コンステレーション

第1節　活動の概要

　「星座」を意味するコンステレーションから転じて，複数の同一規格の人工衛星を協調動作させるシステムを衛星コンステレーションという。衛星コンステレーションは主に地球低軌道の同一軌道上に多数の人工衛星を編隊飛行させることで，グローバルなサービスを提供しようとするビジネスに用いられる。最も実用的な適用先としては移動体通信サービスが考えられているが，地球観測や宇宙状況監視（SSA）[1]へのサービス提供を目的としたものもある[2]。移動体通信サービスとしては地上の携帯電話基地局等のインフラ構築が不要になり，コストダウンや災害に強い通信網が確立するばかりか，地形や地域情勢等の理由によって地上網が整備しにくい地域にもサービス展開が可能になる等のメリットがある。このようなサービスの構想は1990年代から存在しており，マイクロソフト創業者のビル・ゲイツ氏と米国携帯電話事業のパイオニア，クレイグ・マッコー氏が創業したテレデシック（Teledesic）社による構想が始まりとされている。当初は軌道高度700kmに840機の衛星群を投入する計画だったが，最終的には1,400kmの軌道に288機を配置する計画に変更し，1998年に電波使用の割り当ても受けて試験衛星も打ち上げられた[3]。しかし，同業他社の倒産等事業環境の悪化を理由に2002年に計画の中止が発表されている[4]。同様のビジネスを構想して1998年にモトローラ（Motorola）社が主たる出資を行って設立したイリジウム（Iridium）社は，技術開発がサービス開始予定時期に間に合わず，十分なサービス提供が見込めないこと等を原因とし

（1）　SSAの和訳には，「宇宙状況認識」「宇宙状況把握」「宇宙状況監視」といった複数の訳語が充てられることがあり，定まった訳語が存在していない。本稿では他の文献からの引用を除き「宇宙状況監視」の語を用いる。
（2）　Erik Kulu, "Satellite Constellations - 2021 Industry Survey and Trends", 35th Annual Small Satellite Conference, 2021, <https://digitalcommons.usu.edu/smallsat/2021/all2021/218/>.
（3）　Gunter D. Krebs, "BATSAT（Teledesic T1）", <https://space.skyrocket.de/doc_sdat/batsat_t1.htm>.
（4）　Asianprofile「テレデシック」，<https://www.asianprofile.wiki/wiki/Teledesic>。

て,翌 1999 年には破産申請を行い,2000 年には事業中断に追い込まれた。同社の破産は衛星コンステレーション業界に減衰効果をもたらし,同業他社のオーブコム(Orbcomm)社,ICO(ICO Global Communications)社,グローバルスター(Globalstar)社の連鎖的な破産を引き起こした[5]。イリジウム社はその後再生して高度 780km に 72 機の衛星を配置して衛星携帯電話サービスを提供し,我が国でも KDDI 社が代理店となっている[6]。オーブコム社は 1990 年より事業を開始し,1998 年までに 33 機の衛星と 48 機分のライセンスを取得していたが,2000 年に破産申請し翌年に再生して IoT 業界のパイオニアとして成長した。現在は高度約 800km に 16 機の衛星を配置してデータ通信サービスを提供するほか,2009 年に船舶自動識別システム(AIS)信号を利用した物流管理等のサービスを開始している[7]。グローバルスター社は,ロラール(Loral)社とクアルコム(Qualcomm)社の合弁会社として 1991 年に設立され,1,414km の軌道に 24 機の衛星を投入して 2000 年よりサービスを開始したが,2002 年に破産申請している。しかし,2004 年に再生して現在も衛星携帯電話サービスを提供している[8]。

　これら第一世代の衛星コンステレーションビジネスと比べて,21 世紀に入って勃興している衛星コンステレーションビジネスは,構成する衛星数が 1 桁以上大きいこと,新しい技術を積極的に取り込んでいることなどが特徴的である[9]。2012 年に創業してソフトバンクが出資するなどした[10]ために日本でも注目を集めたワンウェブ(OneWeb)社がパイオニア的存在で,1,200km の軌

---

(5)　*Ibid.*
(6)　Asianprofile「イリジウムコミュニケーションズ」,<https://www.asianprofile.wiki/wiki/Iridium_Communications>。
(7)　Asianprofile「オーブコム」,<https://www.asianprofile.wiki/wiki/Orbcomm>; オーブコムジャパン株式会社「衛星について」,<https://www.orbcomm.co.jp/info/satellite.html>.
(8)　Globalstar「Globalstar について」,<https://www.globalstar.co.jp/about/>。
(9)　経済産業省「コンステレーションビジネス時代の到来を見据えた小型衛星・小型ロケットの技術戦略に関する研究会報告書」2018 年 5 月,<https://warp.da.ndl.go.jp/info:ndljp/pid/11181294/www.meti.go.jp/press/2018/06/20180601005/20180601005.html>; 国立研究開発法人情報通信研究機構(北米連携センター)「米衛星コンステレーション計画についての動向調査」2020 年 3 月,<https://www.nict.go.jp/global/lde9n2000000bmum-att/satellite_report.pdf>; 第 40 回総務省情報通信審議会情報通信技術分科会衛星通信システム委員会報告,2020 年,<https://www.soumu.go.jp/main_content/000687115.pdf>。
(10)　「SoftBank Group が OneWeb に再度出資を発表」,宙畑,2021 年 1 月 18 日,<https://sorabatake.jp/17663/>。

道に約630機の衛星を投入する計画ですでにそのほとんどが軌道上でのサービスを提供中だが(11)，現在では30,000機以上の計画を持つスペースXによるスターリンク（Starlink）プログラム(12)等の宇宙産業のほか，異分野等からの参入もある。アマゾン（Amazon）社はカイパー（Kuiper）計画として約3,200機(13)，韓国のハンワ（Hanwha Systems）社は2,000機(14)を投入する計画を発表している。中国においても10,000機から15,000機程度を投入する計画が複数発表されている(15)。

地球観測分野でのコンステレーション計画は，小型衛星に光学センサーやレーダーセンサーを搭載して低軌道コンステレーションによる連続撮像を行うことで，単独運用が原則となる大型の地球観測衛星よりも高い即時性や連続性を確保しようとする計画である。現在，高度550km付近における複数の高度で約150機を運用するプラネット（Planet）社は2010年より世界に先駆けてこのビジネスを展開しており，日本ではアクセルスペース（Axelspace）社が9機の光学センサーを搭載した衛星を運用しているほか，SARセンサーを搭載したシンスペクティブ（Synspective）社やQPS研究所社のコンステレーションなど日本のニュースペース(16)の参入も顕著な分野である。この分野の飛躍的な進展を可能にしたのは，2010年代後半頃から勃興した小型衛星用の打上げ手段の多様化，低価格化である(17)。これまでは低軌道への1トン級の打ち

---

(11) Jason Rainbow, "Eutelsat scales back OneWeb Gen 2 upgrade plan", *SpaceNews*, 16 February 2024, <https://spacenews.com/eutelsat-scales-back-oneweb-gen-2-upgrade-plan/>.
(12) Jason Rainbow, "FCC approves Starlink first generation upgrade plan", *SpaceNews*, 20 August 2024, <https://spacenews.com/fcc-approves-starlink-first-generation-upgrade-plan/>.
(13) Jason Rainbow, "Beta Project Kuiper broadband services pushed to early 2025", *SpaceNews*, 27 June 2024, <https://spacenews.com/beta-project-kuiper-broadband-services-pushed-to-early-2025/>.
(14) Park Si-soo, "Hanwha Systems to launch 2,000 LEO communications satellites by 2030", *SpaceNews*, 30 March 2021, <https://spacenews.com/hanwha-systems-to-launch-2000-leo-communications-satellites-by-2030/>.
(15) 李燕「衛星インターネット通信網の構築計画が始動（中国）」，日本貿易振興会（JETRO）地域・分析レポート，2024年9月26日，<https://www.jetro.go.jp/biz/areareports/2024/cd7942c03efe43ac.html>.
(16) 明確な定義はないが，2010年代後半頃からの新たな宇宙ベンチャー企業や宇宙ビジネスを指す。対義語として従来からの宇宙産業やビジネスをオールドスペース又はレガシースペースと呼ぶことがある（第一東京弁護士会編『弁護士による宇宙ビジネスガイド』（同文舘出版，2020年）10-11頁）。
(17) Erik Kulu, "Small Launchers - 2021 Industry Survey and Market Analysis", 72nd International Astronautical Congress, 25-29 October 2021, <https://www.newspace.im/assets/

上げ能力を持つロケットが主流で，小型衛星用の 100～250kg 程度の運搬能力を主眼にしたサービスラインナップに乏しかったところ[18]，2010 年代後半からは商業運用に移行するロケットが増えたほか，1 度に数十機の軌道投入が可能な放出機構を搭載して打ち上げる手段や，複数の衛星運用者の衛星を相乗りさせるライドシェアサービスなどが開発された結果，1 機当たりの打ち上げコストが大幅に低廉化された[19]。この相乗効果によって，小型衛星を利用したコンステレーション事業は 2010 年代後半から飛躍的な成長を遂げている[20]。また，コンステレーションを構成する衛星は原則として同一規格で生産されるため，衛星の大量生産によるコスト削減もこれに拍車をかけている。コンステレーション計画を持つ企業を国別に見ると米国が突出していることが伺えるが，中国での計画数の多さも際立っている。また，南米やアフリカでも計画を持つ企業がある[21]。このような衛星コンステレーションビジネスの発展は，彼らを顧客に想定した軌道上サービスや SSA サービスの発展も後押ししており，これらは第 2 章及び第 3 章で取り上げる。

衛星コンステレーションをめぐる法的課題は，①事故時の責任，②宇宙空間における占有の禁止の 2 点に整理することができる。次節より順に検討する。

第 2 節　事故時の責任

衛星コンステレーションにおける法的課題として第一に検討するのは，事故時の責任の態様である。

まず，通常の軌道上での事故としては，衛星同士の接触や衝突，スペースデブリの衝突等が想定され，その場合の国際責任としては宇宙損害責任条約 3 条に基づく過失責任主義によって過失のあった当事者の打上げ国が損害を被った物体の打上げ国に対して国際賠償責任を負うことになる。コンステレーショ

Small-Launchers-2021_Erik-Kulu_IAC2021.pdf>.
(18)　Ram S. Jakhu and Joseph N. Pelton (eds.), *Global Space Governance: An International Study* (Springer, 2017), pp. 367-369.
(19)　Kulu, *supra* note 2.
(20)　Kulu, *supra* note 17; Morgan Stanley, "Space: Investing in the Final Frontier", 24 June 2020, <https://www.morganstanley.com/ideas/investing-in-space>; Irmgard Marboe (ed.), *Small Satellites: Regulatory Challenges and Chances* (Brill Nijhoff, 2016).
(21)　Erik Kulu, "NewSpace Index – NewSpace Constellations", <https://www.newspace.im/>.

ンであっても，1機の衛星が第三者の衛星に対して損害を与えるような単純な事故の場合はこの原則通りに処理が可能となる。もちろん宇宙空間においては客観的に加害側の過失を証明する手段が乏しいため，過失の認定が困難であることは課題となるが，それはコンステレーション特有の課題ではなく，軌道上での事故に共通するものである。軌道上事故の場合の過失認定は相当の注意義務がどちらにどの程度課されていたか，どの程度の措置を講じていれば相当の注意を尽くしていたと言えるか，また，それらを客観的にどのように証明するかの困難が付きまとう[22]。また，事故の状況を正確に把握することも困難である。一般的に衝突事象の観察においては，ある角度からの画像と別の角度からの画像では事実認定が大きく異なることがあり得るが，宇宙空間の観測では圧倒的に地上からの観測データが多く，逆方向や横方向からの観測画像が得られることが稀なため，一方向からの観測画像しか得られないことも多い。静止軌道衛星は地上から見ると一定の位置に静止して見えることから，地上から常時観測することが容易であり，このような事故等に備えた観測及び事後的な解析サービスを提供する民間企業も現れてきている[23]。しかし依然として複数の角度からの観測情報は取得しにくいため，その情報に対する信頼度は地上での事故に比べると大きく下がる。

　コンステレーションによる事故の場合には，同一コンステレーションを構成する衛星によって当該軌道面の密度が通常よりも高くなっていることや，それらの衛星の規格及び運用者が同一であること，相互に近接した状態での運用を想定しているため，衛星間に向けられたセンサー数が比較的多い傾向にあること[24]などから，コンステレーションでない衛星による衝突よりも証拠として活用できるデータをより多く取得できるかもしれない。その結果，過失認定の困難度は下がる可能性もある。いずれにしろ，単独事故ないしはコンステレーション内での事故の場合，特有の法的課題は見当たらない。

　次に問題となるのは，衛星コンステレーションに特有のものとして，連鎖衝突を引き起こして当該軌道面の使用が将来にわたって絶望的になる恐れがある

---

(22) 青木節子「宇宙の探査・利用をめぐる『国家責任』の課題」『国際法外交雑誌』第110巻第2号（2011年）25-49頁.
(23) ExoAnalytic Solutions, "Space Domain Awareness", <https://exoanalytic.com/space-domain-awareness/>.
(24) SpaceX, "Starlink", <https://www.starlink.com/satellites>.

ような態様の事故が発生する場合である。そのような事故においては，事故自体は1つのコンステレーション内で完結し，当該事業者の自損事故となる可能性が高いが，当該軌道面が利用できなくなるという損害は第三国にも及び得る。この場合の第三国への損害は間接損害というべきものなので，どのように評価するかが問題となる。また，当該損失に対する過失は何を基準に認定するか，国際責任を負う国家をどのように特定するか，が課題となる。

損害賠償責任としては，連鎖衝突が第三者の衛星に直接損害を与えた場合の責任を，コンステレーションを運用する事業者の打上げ国に帰属させることを原則とする。しかし，連鎖衝突が第三者に損害を与えないまま継続した結果，一定の軌道が衝突によって飛散した破片等によって混雑化し，利用を妨げるような状況になった場合，当該軌道面を利用していた第三者が軌道からの離脱を余儀なくされ，あるいは利用を予定していた第三者が打上げ中止を余儀なくされるなどした場合等において，軌道離脱や再配置，計画変更等に要した費用が対象となる損害といえる。加えて，これらの場合には，直接的な損害のみならず，軌道再配置や計画変更等によって失われるビジネス上の損失の方がはるかに大きいことは想像に難くない。そこで，このような逸失利益が，宇宙損害責任条約上の損害に含まれるかが問題となる。

宇宙損害責任条約1条(a)において損害とは，「人の死亡若しくは身体の傷害その他の健康の障害又は国，自然人，法人若しくは国際的な政府間機関の財産の滅失若しくは損傷をいう」とされている。この点，損害（damage）の範囲に関しては，"event of damage...caused...by a space object" と規定されており，原因となる宇宙物体と損害発生の間の因果関係がある損害が対象とされていることが分かる[25]。学説の多くは，宇宙損害責任条約の起草過程に依拠して，損害発生との因果関係があれば，賠償責任の対象になると説明し，被害者救済の観点から慰謝料や逸失利益を含めるべきとする[26]。また，損害の要件には物理的物体による物理的損失が必要で，衛星の信号喪失を原因とするものは損害の要件に該当しないとする学説もある[27]。他方で Christol は，宇宙条約と

---

(25) Manfred Lachs, *The Law of Outer Space: An Experience in Contemporary Law-Making (Reissued edition)* (Martinus Nijhoff Publishers, 2010), p. 115.
(26) 小塚荘一郎・佐藤雅彦編著『宇宙ビジネスのための宇宙法入門（第3版）』（有斐閣，2024年）51-52頁；中村仁威「スペースデブリと宇宙諸条約上の損害責任の制度」『早稲田法学』第95巻第3号（2020年）163-167頁；Stephan Hobe, *Space Law (First Edition)* (Nomos Verlagsgesellschaft, 2019), pp. 81-82; Lachs, *supra* note 25, p. 115.

宇宙損害責任条約は直接損害のみを想定しており，精神的損害には直接言及しておらず，また，各国の国内法上の直接損害の範囲もまちまちであるため，結局のところは因果関係の存否によって決せざるを得ないとする[28]。しかしその因果関係確定のための基準は示していない。そしていずれの説も，計画遂行によって影響を受ける将来の活動に対する逸失利益までが当然に含まれるとする解釈は示していない。

　この点については宇宙損害責任条約1条(a)に立ち返り，同条は単に損害 (damage) ではなく，損害発生の事象（event of damage）を因果関係の基点としている点に注目すべきである。損害発生の事象は現に発生する直接的なものであり，将来間接的に失われるかもしれない逸失利益までは含み得ないと解するべきであり，この点において本書は，Christol の立場を共有する。すなわち，コンステレーション計画そのものや衛星コンステレーションを配備する行為自体は損害発生の事象そのものとは言い難いため，これらによる逸失利益を損害に算入することは困難と言わざるを得ない。他方で，複合的な損害については，損害発生の事象が同時多発的に発生することで生じたものとみなすことができるため，現に発生した事故等については損害の範疇に入る。したがって，コンステレーション計画そのものや衛星コンステレーションを配備することに伴って生じる将来の逸失利益は損害賠償の対象とはならないと言える[29]。

　しかし，衛星コンステレーション計画が他国の宇宙活動に重大な影響を与える恐れがある場合には，当該計画を保有する国の宇宙条約9条に基づく義務に注目する必要がある。同条第1文では，計画を実施しようとする国には，他のすべての当事国の対応する利益に妥当な考慮（due regard）を払う義務が課されている。この妥当な考慮を欠いたままで計画を進めることは，同条に違反した結果として損害を発生させることとなり，国家責任（国際責任。以下両者を互換的に用いる）を生じさせることとなりかねない。同条によれば自国の

---

[27] Stephan Hobe, et al. (eds.), *Cologne Commentary on Space Law Vol II Rescue Agreement, Liability Convention, Registration Convention, Moon Agreement* (Carl Heymanns Verlag, 2013), pp. 126-130.

[28] Carl Q. Christol, "International liability for damage caused by space objects", *American Journal of International Law*, Vol. 74, (1980), p. 346.

[29] この点中村は，損害に該当するとする合意や後に生じた慣行などが成立すれば，軌道上混雑自体が損害と観念されうる余地があるとする（中村「前掲論文（注26）」159-163頁）。

活動に潜在的に有害な干渉を及ぼすおそれがあると信ずる理由があるときは，その活動，又は実験に関する協議を要請することができることとなっており，当該協議を経ずに活動を実施した結果として損害が生じた場合においても，国家責任が生じることとなる。

第3節　宇宙空間における占有の禁止

　衛星コンステレーションの事実上，特定の軌道面での他国の宇宙活動を阻むような形態での運用が，「月その他の天体を含む宇宙空間は，主権の主張，使用若しくは占拠又はその他のいかなる手段によっても国家による取得（national appropriation）の対象とはならない。」とする宇宙条約2条が禁止する，「国家による取得」に当たらないか，及び衛星軌道を有限な天然資源とみなし，公平な使用を求める国際電気通信連合（ITU）憲章[30]44条2項[31]等の違反に当たらないか，が課題となる。ITU憲章44条2項に対しては，合理的，効果的かつ経済的な使用である限りは公平な利用を逸脱していないとして，静止軌道位置の優先権の割り当てが行われているため，この要件を満たせばコンステレーションも公平な利用を逸脱しているとまでは言えないことになる[32]。「国家による取得」とは，国際法上の領有権の主張であり，宇宙条約2条はこれにつながるあらゆる主張や状態を排除しているため，禁止された状態を作出することを事実上容認したと言える場合には，同条違反を構成しかねない。本条が構成する，国家による領有権の禁止の通常の解釈を逸脱することは，国際宇宙法全体に重大な結果をもたらす危険な状態を生み出すため[33]，これに当たる場合には，当該運用事業者を擁する国は当該活動を是正させて宇宙条約違反を回避しなければならない。この処理を一般国際法に譲る場合，国家責任発生とい

---

(30)　署名開放1992年12月22日，効力発生1994年7月1日。日本に対しては2001年5月20日受諾，発効。

(31)　「構成国は，無線通信のための周波数帯の使用に当たっては，無線周波数及び関連する軌道（対地静止衛星軌道を含む。）が有限な天然資源であることに留意するものとし，また，これらを各国又はその集団が公平に使用することができるように，開発途上国の特別な必要性及び特定の国の地理的事情を考慮して，無線通信規則に従って合理的，効果的かつ経済的に使用しなければならないことに留意する。」，<https://www.mofa.go.jp/mofaj/gaiko/treaty/htmls/B-H13-0147.html>。

(32)　菅田洋一「衛星登録の国際標準と軌道権益 ── 公的データセットの可視化を通じて」『研究 技術 計画』Vol. 36 Issue 3（2021年）333-344頁。

う形で作用してより重大な結果をもたらす恐れがあるため，許可・監督の態様を是正することで措置する必要がある。

　宇宙条約2条の通常の解釈は，赤道が通過する7か国が自国上空の静止軌道に対する国家主権を主張して1976年に採択したボゴタ宣言に対する各国の否定[34]，米国や中国において私人による天体上の土地所有権確認の訴えに対して相次いで否定判決が出されたこと[35]，IISLによる国家及び私人による天体上の土地所有権主張の否定[36]等により，現在において確立した解釈と言える。そして，宇宙条約6条が私人の活動も国家の活動に帰属させていることから，国際法の平面における宇宙活動としては国家活動しか存在しておらず，いかなる私人による占有であっても，国際法上の平面においてはその所属国の活動と位置付けられるため，取得の主張は宇宙条約2条に違反することとなる[37]。では，取得の意思を持たない占有は同条に抵触するか。この点，1990年代に問題となったITUにおける軌道割り当て制度に基づくペーパー衛星問題がある。ITUは静止軌道上の軌道位置を各国からの申請に基づいて割り当てており，事業者は，7年以内に利害関係国との間で周波数干渉等の調整を行った後に運用を開始（Bringing into Use: BIU，以下「BIU」という。）することで当該申請に対する軌道位置の利用権が保障される。本来は新たに衛星を打ち上げて使用を開始することがBIUであるところ，無線通信規則が打上げ自体に言及していない点を逆手に取り，明確な計画なしに広範にわたるいわゆるペーパー衛星の申請を提出することで，他の利用候補事業者に自らへの調整を余儀なくさせ，金銭によって当該調整を妥結させて事実上軌道権益の売り払いを行う政府が現れた。ペーパー衛星の申請は，当該軌道割り当ての要請が主権

---

(33)　Stephan Hobe, et al. (eds.), *Cologne Commentary on Space Law Vol I Outer Space Treaty* (Carl Heymanns Verlag, 2009), p. 58.
(34)　*Ibid.*, p. 55; Lyall & Larsen, *supra* note 11, pp. 160-162.
(35)　米国においては，小惑星エロスの所有権を主張する私人が同小惑星に着陸したNASAの探査機に対して駐車料金を請求した事件について連邦地方裁判所及び連邦控訴裁判所が宇宙条約の解釈として同私人の所有権を否定した。中国においては，月の土地を販売していた企業が，詐欺行為として営業停止処分を受けたことは不当であるとして北京市を訴えた事件において，基層人民法院及び中級人民法院が宇宙条約の解釈として同私人に月の土地販売の根拠がないと判示した（Hobe, et al. (eds.), *supra* note 33, pp. 55-57.）。
(36)　Board of Directors of the IISL, *Claims to Property Rights Regarding The Moon and Other Celestial Bodies*, Statement, 2009, <https://iislweb.space/wp-content/uploads/2020/01/IISL_Outer_Space_Treaty_Statement.pdf>.
(37)　Hobe, et al. (eds.), *supra* note 33, pp. 55-57.

的主張に当たり，宇宙条約 2 条に照らして違法ではないかとの議論が提起された(38)。この議論は，ITU の割り当て審査プロセスの改善によって一旦は回避されたように見えたが(39)，衛星コンステレーションビジネスが加速することで，再び浮上していると言える(40)。前述の通り，宇宙条約 2 条は，領有権主張の基礎となる土地所有権としての宇宙空間の取得行為を国際法の平面で禁止するものであり，事実行為そのものの規制を意図していない。ペーパー衛星問題においては ITU に対する軌道割り当ての要請が電波管理当局から行われる点を捉えて主権的主張の当否が議論されたが，コンステレーションにおいては政府当局から国際組織への要請等が介在するわけではないため，この議論には当たらないと言うこともできる。しかし，コンステレーションが事実上当該軌道面を占有することを容認し，かつその許可を国家が発給する場合，領有権主張の準備行為をしているものと外形上は区別がつかない。加えて，宇宙条約 2 条の趣旨が宇宙空間の利用が全人類に認められた活動分野であることを担保するためのものであることに鑑みれば(41)，たとえ表立って領有権を主張しなくとも当該軌道面を事実上の独占状態に置くことを故意に容認しているような場合には，同条違反に限りなく近い状態と言わざるを得ない。そのため国家は，宇宙条約 2 条に配慮して，コンステレーションに発給する許可の要件やプロセス，許可に付す条件や継続的監督の状況等に透明性を確保しておく必要がある。これまでコンステレーションに特別な規定を置いているのは米国のみで，かつ，当該規定も抽象的なものであったが，フランスの 2024 年 7 月の技術規則決定の改正により，フランスが最も詳細にコンステレーションを規制する法体系を持つ国となった。国家は，コンステレーションが事実上の領有ないしは領有準備であるとみなされないようにその許可及び継続的監督を設計し，またその態様に透明性を持たせる必要をより強く自覚しなければ，宇宙条約 2 条違反のそしりを免れず，将来の係争の火種を残すことになるばかりか，国連宇宙諸条約を基軸とした国際宇宙法体系全体のバランスを失わせることになりか

---

(38) Don Riddick, "Why does Tonga own Outer Space", *Air and Space Law*, Vol. 19 No. 1, (1994), pp.15-29.
(39) 菅田「前掲論文（注 32）」。
(40) 河本宣行（KDDI 株式会社技術統括本部グローバル技術・運用本部副本部長）「ITU-R 活動の動向」，日本衛星ビジネス協会講演会，2020 年 12 月 3 日，<http://www.sspi-tokyo.org/archives/doc/pdf/doc201203.pdf>。
(41) Hobe, et al. (eds.), *supra* note 33, p. 58.

ねないことを認識する必要がある[42]。

---

[42] *Ibid.*

第 2 部　軌道上の新しいタイプの商業宇宙活動

第 2 章　軌道上サービス

第 1 節　活動の概要

　一度宇宙空間へ打ち上げた宇宙機は修理や補給ができないという既成概念を覆し，軌道上での修理や補給を可能にすることで，既存宇宙機の寿命を飛躍的に延伸させる手段として，軌道上サービスが古くから注目されてきた。今日では，接近近傍運用（Rendezvous Proximity Operation: RPO，以下「RPO」という。）や接近結合（Rendezvous & Docking）の技術が進歩したことでビジネスとして実現しようとしている。

　これまでの技術開発は政府系機関にて進められてきた。具体的には以下の通りである。米国では，2005 年に米空軍が軌道上衛星の外部点検を実施し[43]，また同年に NASA が自動ドッキングに成功している[44]。米国国防高等研究計画局（Defense Advanced Research Projects Agency: DARPA，以下「DARPA」という。）と NASA が共同で 2007 年にオービタル・エクスプレス計画（Orbital Express Space Operations Architecture）を実施したほか[45]，フェニックスプロジェクトとして軌道上でサトレット（Satlet）と呼ばれるモジュールを交換することで自在に機能の交換や追加を行い，衛星寿命を延長可能にする研究を継続している[46]。NASA は 2011 年にロボット補給モジュールの軌道上実証を ISS で実施し，断熱シートの切断，キャップやバルブの開閉操作や 2 リットル余りのエタノールを衛星に注入する実験にも成功した。米軍による X-37B プログラムでは，1999 年より接近結合の実験を行っている。欧州では，ドイツ航空宇宙センター（German Aerospace Center: DLR）が，将来の軌道上サービスミッションのための研究としてドイツ軌道上サービスミッション（Deutsche Orbitale Servicing Mission: DEOS）を 2010 年頃から継続している[47]。ESA と

---

(43)　Gunter D Krebs, "XSS 11", <https://space.skyrocket.de/doc_sdat/xss-11.htm>.
(44)　Gunter D Krebs, "DART", <https://space.skyrocket.de/doc_sdat/dart.htm>.
(45)　DARPA, "Orbital Express", <https://www.darpa.mil/about-us/timeline/orbital-express>.
(46)　DARPA, "Phoenix（Archived）", <https://www.darpa.mil/program/phoenix>.
(47)　Thomas Wolf, et al.,"DEOS-The In-flight Technology Demonstration of German's Robotics Approach to Dispose Malfunctioned Satellites", 11th Symposium on Advanced Space

オービタルリカバリー（Orbital Recovery Corporation）社は，アリアン5のペイロードアダプターに着目し，同アダプターを利用して衛星に燃料を注入する研究を2004年から進めている[48]。2010年にスウェーデン宇宙公社が2機の超小型衛星のRPOを実施するプロジェクトに成功している[49]。中国では，2010年に衛星同士のRPOに成功し，2011年には神舟が天宮宇宙ステーションへのドッキングに成功した[50]。また，2022年には運用終了した静止軌道衛星を捕獲して軌道変更することに成功している[51]。

事業者としては，欧州のエアバス（Airbus）社が，これらの事業のビジネス展開について初期から注目し，早い段階から軌道上サービス構想を持っていたが，現在はビジネス環境の様子見の状態になっている[52]。現在の起業状況はやはり米国が群を抜いており，ロボットアームを搭載した衛星を用いた軌道上サービス衛星を開発中の1994年創業のテザーアンリミテッド（Tethers Unlimited）社や[53]，小型衛星の軌道投入と軌道上サービスを提供するモメンタススペース（Momentus Space）社[54]が早い段階で事業を開始している。1999年創業のスペースフライト（Spaceflight）社は，累計300機以上の混載による衛星ライドシェア等による打上げ実績の傍らで，SHERPAシリーズ4種類の軌道上サービスを展開する[55]。同社は2020年に三井物産の100％子会社となり[56]，

Technologies in Robotics and Automation, 12-14 April 2011, <http://robotics.estec.esa.int/ASTRA/Astra2011/Presentations/Plenary%202/04_wolf.pdf>.
(48) ESA, "ConeXpress-Orbital Life Extension Vehicle (CX-OLEV)", <https://artes.esa.int/projects/conexpressorbital-life-extension-vehicle-cxolev>.
(49) Cesar Jaramillo (ed.), *Space Security Index 2013 (10th ed.)* (Project Ploughshares, 2013), p. 88.
(50) Wei-Jie Li, et al., "On-orbit service (OOS) of spacecraft: A review of engineering developments", *Progress in Aerospace Sciences*, Vol. 108, (2019), pp. 64-65.
(51) 青葉やまと「中国の『始末屋』衛星，死んだGPS衛星を墓場軌道に引きずり込む」，ニューズウィーク日本版，2022年2月28日，<https://www.newsweekjapan.jp/stories/world/2022/02/gps-4_2.php>。
(52) Caleb Henry, "Airbus impressed by Northrop Grumman, but remains undecided on satellite servicing", *SpaceNews*, 11 March 2020, <https://spacenews.com/airbus-impressed-by-northrop-grumman-but-remains-undecided-on-satellite-servicing/>.
(53) Caleb Henry, "Tethers Unlimited developing satellite servicer for LEO missions", *SpaceNews*, 21 May 2019, <https://spacenews.com/tethers-unlimited-developing-satellite-servicer-for-leo-missions/>.
(54) Jeff Foust, "Momentus receives approvals for first tug launch", *SpaceNews*, 9 May 2022, <https://spacenews.com/momentus-receives-approvals-for-first-tug-launch/>.
(55) Spaceflight, <https://spaceflight.com/>.

三井物産エアロスペース社のISSからの超小型衛星放出事業にも参画している。2010年創業のアルタス（Altius Space Machines）社は，ナノラックス社を傘下に持つヴォイジャー・ホールディングス（Voyager Space Holdings）の子会社の一つで，軌道上で故障した場合に捕獲を容易にするために衛星に予め取り付けておくセンサー標識用のタグをワンウェブ社に提供している[57]。ヴォイジャー・ホールディングスは複数のISSサービス，軌道上サービス，宇宙環境利用サービス，打上げサービスを提供する企業として成長しており，軌道上サービスも有望な将来事業の一つと位置付けている[58]。2017年設立のファイヤフライ（Firefly Aerospace）社は小型ロケットを中心に事業展開しているが，Space Utility Vehicle（SUV）という軌道上サービス母機の開発も進めており，事業投入を目指している[59]。2018年に創業したオービットファブ（OrbitFab）社は，「Gas Stations in Space」の商標を取得して，着脱可能な急速燃料充填用インタフェース（Rapidly Attachable Fluid Transfer Interface: RAFTI，以下「RAFTI」という。）を開発し，同搭載衛星を2021年6月に打上げて，太陽同期軌道の宇宙機に燃料補給するための軌道に投入した[60]。また，同社とアストロスケール社は，2022年1月に，アストロスケール社の静止軌道衛星に対する寿命延長衛星LEXIに対して燃料補給する商業契約を締結した。これによってLEXIのサービス範囲や柔軟性の拡大を目指すとしている[61]。LEXIはRAFTIを搭載して2026年までに打上げ予定である。2019年設立のスターフィッシュ（Starfish Space）社はNASAのエンジニア等が独立して開業したベンチャー企業で，2021年に静止軌道において寿命延長サービスを提供した後に，低軌道においてスペースデブリを廃棄する軌道上サービス用の小型衛星の開発に着手している[62]。

---

(56) 三井物産株式会社「衛星ライドシェアサービスを展開する米国のSpaceflightを買収」，2020年2月12日，<https://www.mitsui.com/jp/ja/topics/2020/1230732_11239.html>。
(57) Altius Space Machines, <https://altius-space.com/technologies.html>.
(58) Voyager Space Holdings, <https://voyagerspace.com/technology-solutions/>.
(59) Firefly, "Firefly's Space Utility Vehicle (SUV)", <https://firefly.com/launch-suv/>.
(60) Orbit Fab, <https://www.orbitfab.com/>.
(61) アストロスケール「アストロスケール米国とOrbit Fab，初となる衛星への燃料補給契約を締結」，2022年1月11日，<https://astroscale.com/ja/astroscale-u-s-and-orbit-fab-sign-first-on-orbit-satellite-fuel-sale-agreement/>。
(62) Starfish Space, "Starfish Space Raises $7M to Develop the Otter Space Tug", 29 September 2021, <https://www.starfishspace.com/post/starfish-space-raises-7m-to-develop-the-

欧州では，2017 年に米国コロンビア大学からのスピンアウトでフランスに設立されたインフィニット・オービット（Infinite Orbits）社が，2021 年 10 月にアゼルバイジャン宇宙機関と静止軌道衛星サービスに関する戦略的協力協定を締結するなどの活動を展開している[63]。ベルリン工科大学からのスピンアウトとして 2010 年に設立されたエグゾローンチ（Exolaunch）社は，超小型衛星のライドシェアを主体とする事業を展開し，200 機近くの衛星の軌道投入を提供してきた[64]。

このような情勢下で，2020 年 2 月に，世界初の軌道上補給ミッションとして米国スペース・ロジスティクス（Space Logistics）社（ノースロップ・グラマン社傘下）が静止軌道における補給衛星 MEV-1 と大型通信衛星のドッキングを成功させ，2021 年 4 月にはその 2 回目を成功させており，最大手の通信衛星企業インテルサット（Intelsat）社との軌道上寿命延長サービス契約の締結に至っている[65]。NASA は低軌道衛星向けに，軌道上で太陽電池パドル等の大型構造物を組み立てて軌道上で衛星に取り付けることで寿命延長を図る OSAM（On-orbit Servicing, Assembly, and Manufacturing）プロジェクトを展開し，マクサー（Maxar Technologies）社とメイド・イン・スペース（Made In Space）社をパートナーとして開発を進めていたが，軌道上実証に至らないまま 2024 年に計画中止を決定している[66]。DARPA は，静止軌道上での修理や軌道再配置等を行うサービス衛星の開発を進めており，ロボットモジュールをスペース・ロジスティクス社の衛星に搭載して 2025 年の打上げを目指している[67]。

この分野でのビジネス展開は日本でも進められてきた。RPO 技術は 1997 年に旧宇宙開発事業団が技術試験衛星 7 号機（ETS-VII）によるドッキング実

---

otter-space-tug>.
(63) Infinite Orbits, <https://www.infiniteorbits.io>.
(64) Exolaunch, <https://exolaunch.com/index.html>.
(65) Sandra Erwin, "Northrop Grumman to launch new satellite-servicing robot aimed at commercial and government market", *SpaceNews*, 23 September 2021, <https://spacenews.com/northrop-grumman-to-launch-new-satellite-servicing-robot-aimed-at-commercial-and-government-market/>.
(66) NASA, "On-Orbit Servicing, Assembly, and Manufacturing 1（OSAM-1）", <https://www.nasa.gov/mission/on-orbit-servicing-assembly-and-manufacturing-1/>.
(67) Theresa Hitchens, "DARPA, SpaceLogistics step toward 2025 launch of orbital robotic 'mechanic' for satellites", *Breaking Defense*, 20 June 2023, <https://breakingdefense.com/2023/06/darpa-spacelogistics-step-toward-2025-launch-of-orbital-robotic-mechanic-for-satellites/>.

験(68)以来培われてきており，その技術はISS補給機「こうのとり」のISSへのドッキングにて実用化されている。この技術を移転することで，アストロスケール社は低軌道においてスペースデブリを除去する技術を開発し，2024年にその第1段階の技術実証に着手してRPOに成功している(69)。また，スカパーJSAT社は，理化学研究所が開発したレーザー技術を応用して，レーザー照射によってスペースデブリを除去する事業への参入を2020年6月に発表し，2026年にサービス開始を計画している(70)。

　欧州では，スイス宇宙センターが立上げて2014年にスイス連邦工科大学ローザンヌ校（École Polytechnique Fédérale de Lausanne（EPFL））に移管したクリーンスペースワン（CleanSpace One）プロジェクトをESAが支援し，欧州発のスペースデブリ除去衛星の開発が期待されている。同プロジェクトは，ClearSpace-1として，2025‐26年に打ち上げて100kg級のターゲットの軌道からの除去を目指している(71)。ClearSpace-1を打ち上げるベガロケットには，イタリアのディーオービット（D-Orbit SpA）社の軌道離脱装置の搭載が計画されているが(72)，同社はこのほかにも従来はロケットや相乗り主衛星の軌道に左右されていた小型衛星の軌道投入を自在化させる小型衛星放出システムION Satellite Carrierを開発しており，日本では丸紅が代理店となってライドシェアサービスを提供している(73)。また，ESAは2026年の軌道上実証を目標にEROSS+（European Robotic Orbital Support Services）プロジェクトの概念検討フェーズにタレス・アレニア（Thales Alenia Space）社とレオナルド（Leonardo）社の合弁会社ストラテジック・リサーチ・クラスター（Strategic Research

---

(68)　JAXA「技術試験衛星VII型『きく7号』（ETS-VII）」，<https://www.jaxa.jp/projects/sat/ets7/index_j.html>。
(69)　JAXA「商業デブリ除去実証フェーズI『周回観測』の画像を公開」，2024年7月30日，<https://www.jaxa.jp/press/2024/07/20240730-1_j.html>。
(70)　株式会社スカパーJSATホールディングス「世界初，宇宙ごみをレーザーで除去する衛星を設計・開発」，2020年6月11日，<https://www.skyperfectjsat.space/news/detail/sdgs.html>。
(71)　ClearSpace, "Clear Space Today", <https://clearspace.today/>。
(72)　"D-Orbit Signs €2.2 Million Space Debris Removal Contract with ESA", *SpaceWatch. Global*, 9 September 2021, <https://spacewatch.global/2021/09/d-orbit-signs-e22-million-space-debris-removal-contract-with-esa/>。
(73)　丸紅株式会社「イタリア・D-Orbit社との小型衛星打上げ関連サービスに係わる販売代理店契約の締結について」，2021年2月25日，<https://www.marubeni.com/jp/news/2021/release/00016.html>。

Cluster（SRC））を選定した[74]。

以上の通り，既に軌道上で運用中または廃棄された衛星に接近，捕獲して何らかの作業を行う軌道上サービスが商業事業として展開されつつあり，この分野が近い将来に大きく発展する可能性が高まっている。

第2節　法的課題

この形態のサービス提供には，対象衛星に接近，接触するという運用が必須であり，その結果として事故が発生した際の国際責任及び事業者への責任分担，特に損害発生の態様と過失認定によって責任を有する国が異なってくる点の整理が必要となる。

なお，前提として軌道上サービスの一類型であるスペースデブリ除去を行おうとする場合，どのような物体を，誰が，どのような方法で除去することが許されるか，という論点が議論される[75]。スペースデブリ発生防止及び除去が宇宙物体の管轄国の義務として存在しているかについては争いがあるものの，ISSのような相対的に高い価値を有する宇宙資産に対して明白な脅威となるスペースデブリがある場合には，登録国による宇宙環境保護の失敗を根拠として，当該スペースデブリの除去が正当化され得るとする説がある[76]。しかしそのような規範は，あるとしても少なくとも法的確信に基づいて運用されているとまでは言えないため，慣習国際法化しているというのは早計である[77]。したがって除去対象物体の所有者及び管轄国の同意を取り付けることで当面の問題は回避し，将来的に所有者及び管轄国が不明，もしくは除去に反対しているが宇宙環境にとって有害な物体の除去が必要となった際に十分な検討が可能となるように，除去活動に必要な技術蓄積，技術的確実性や取り得るオプションとそれぞれのコスト等の判断材料をそろえておくことが重要である。なお，軌道

---

(74) ThalesAlenia Space, "EROSS+: Thales Alenia Space and Its Partners will Lead An Horizon 2020 Project Dedicated to on-Orbit Servicing", 11 January 2021, <https://www.thalesgroup.com/en/worldwide/space/press-release/eross-thales-alenia-space-and-its-partners-will-lead-horizon-2020>.

(75) Jakhu & Pelton (eds.), *supra* note 18, pp. 342-350; 石井由梨佳「宇宙デブリ除去に関する国際法上の評価」『空法』第62号（2022年）31-50頁；中村仁威『宇宙法の形成』（信山社，2023年）183-209頁。

(76) Jakhu & Pelton (eds.), *supra* note 18, pp. 344-346.

(77) この点は本説を唱える論者も同意している（*Ibid.* at, p. 346）。

上の物体にドッキングして移動させることや，推進系統を操作することを可能とする技術は，無断で使用されることに対する防御方法が確立しておらず，またそのような行為を自らの衛星に行われたとしても直ちに察知することが現在の技術では困難なため，非友好的に用いれば犯罪行為や軍事行動に利用できることから，安全保障上の課題としても注視されている。

次に事故に対する責任について，現状では国際法上も国内法上も軌道上サービスに対する特別法が存在していないので，当該活動を行う事業者の打上げ国が宇宙損害責任条約上の打上げ国としての賠償責任を，許可及び継続的監督を行う国が宇宙条約6条及び9条に基づく国際責任を負うことになる。運用事業者に対しては民事法の原則通り，過失責任が適用される。国際法上の地上損害に対する無過失責任（宇宙損害責任条約2条）との平仄をとって国内法において運用者に対して同様の責任が規定されることも多く，その場合には，運用者に対しての無過失の民事責任が生じることになる。例えば，宇宙活動法53条は「国内に所在する人工衛星管理設備を用いて人工衛星の管理を行う者は，当該人工衛星の管理に伴い人工衛星落下等損害を与えたときは，その損害を賠償する責任を負う。」と規定し，日本国内の運用設備から衛星管理を行う事業者に対してのみ地上損害に対する無過失責任を定めている。

他方で軌道上の損害については国際法も過失責任主義をとり，日本法も特別の規定をしていないため，日本においては民法（709条）[78]の基本原則にしたがって過失責任が適用される。ここにおいて，打上げ運用と衛星運用における民事責任法制の違いが浮き彫りになる。打上げ運用においては，打上げ事業者に責任を集中（宇宙活動法36条）したうえで，損害賠償責任保険の調達とその限度額を超えた場合の政府補償のための行政契約を柱とする損害賠償担保措置を義務化し（同9条），第三者損害の発生に備えている。しかし，衛星運用においてはこのような制度を用いず，運用事業者の自主裁量に委ねられている。したがって，軌道上損害に対しては，損害賠償責任保険の手配はもとより，その賠償責任そのものに対する意識の有無も運用者に依存していると言わざるを得ない状態にある。日本政府は，2018年に軌道上損害に対しても強制保険を付したうえでの政府補償制度の創設の是非を検討しているが，主として事業者

---

(78) 明治29（1896）年4月27日公布，法律89号。現行の条文は「故意又は過失によって他人の権利又は法律上保護される利益を侵害した者は，これによって生じた損害を賠償する責任を負う」。

側からの要望が大きくないことに鑑みて，時期尚早として制度創設を見送っている(79)。

---

(79) 「人工衛星の軌道上での第三者損害に対する政府補償の在り方（中間整理）」，宇宙政策委員会宇宙法制小委員会，2018 年 12 月 20 日，8 頁。

第2部　軌道上の新しいタイプの商業宇宙活動

第3章　宇宙状況監視サービス

　新たな軌道利用が活発になるにつれて，軌道上で宇宙機やスペースデブリがどのような往来をしているかの状況を把握するニーズが高まっており，かつては軍事的目的で行われていた宇宙状況監視（SSA）の商業化が進んでいる。このようなSSAサービス事業者には，軌道上での運用における視覚の役割が期待されると同時に，その記録が蓄積されることによって軌道上で発生する事故に対して事後的に発生原因の第三者的な証拠を与える，いわば目撃者の役割も期待されており，輻輳化する宇宙運用を客観的に把握するための不可欠の要素として注目されている。

第1節　活動の概要

　SSAは，軍事作戦の前提としての偵察活動（situational awareness: SA）[80]を宇宙空間においても行う必要があるという観点を基点にした概念であり，「宇宙運用が依存する，宇宙物体及び運用環境の基盤的で最新かつ予測的な知見と特性要件」と定義されている[81]。元来は政府及び軍の能力として発展してきたもので，近年ではSSAが一般的に広く使われるようになったため，軍用に用いる場合には情報収集の概念も含めたSDA（Space Domain Awareness）の用語を用いられるようになっている[82]。SSAにおいては，主として地上からの複数の光学望遠鏡及びレーダーによって軌道上の宇宙物体を観測してそれらの軌道及び状態を記録したカタログを作成，最新化していくことが主たる活動となる。観測データの増強，及び衛星の運用状態を最もよく把握している衛星運用者とのデータ授受を通じてカタログの更なる精緻化が可能となる。このカタログを用いて，衛星運用者に他の宇宙物体との接近可能性等の情報提供を行う

---

(80)　Office of the Chairman of the Joint Chiefs of Staff, *DOD Dictionary of Military and Associated Terms* (The Joint Staff, 2021), p. 323, <https://irp.fas.org/doddir/dod/dictionary.pdf>.

(81)　*Ibid*, p.198.

(82)　Quentin Verspieren & Hideaki Shiroyama, "From the Seas to Outer Space: The Reverse Dynamics of Civil-Military Situational Awareness Information and Responsibility Sharing", *Space Policy* Vol. 50 (2019).

ことをSSAサービス（カタログ自体の提供を含む。）という。SSAサービスは1958年の創設以来NASAから米国政府の衛星運用機関に対して行われ，2004年以降は米空軍がその役割を担ってきた。2009年からは米戦略軍SSA共有プログラムによってウェブサイトSpaceTrack.orgが運用されるようになり，米国政府以外の衛星運用機関に対してもサービスが提供されるようになった[83]。米国は，1957年から開発，運用している空軍の宇宙監視ネットワーク（Space Surveillance Network: SSN，以下「SSN」という。）を維持，更新しながら運用しており[84]，2020年にはSSNが世界中に展開している光学望遠鏡とレーダーを主体とする観測網に加えて[85]，ロッキードマーチン（Lockheed Martin）社が受注した大規模なレーダー施設であるスペースフェンスの運用を開始し，SSNが有している直径10cmまでの物体の検知能力を1桁以上上回る精度で検出が可能となるに至っている[86]。更に微小の物体を検出するためにはスペースフェンスと同規模の設備が更に必要となるが，米軍は解析的に検出能力を向上させるシステムの2025年の運用開始を目指して開発中のため，これによる能力向上を見極めた上で新たな設備が検討されるものと見られている[87]。

欧州では，観測能力は主に各国が独自に開発を進め，2014年に設立された欧州宇宙監視・追跡プログラム（European Union Space Surveillance & Tracking: EUSST，以下「EUSST」という。）に対してそれらの能力を提供し，EUSSTが

---

(83) Quentin Verspieren, "The United States Department of Defense space situational awareness sharing program: Origins, development and drive towards transparency", *Journal of Space Safety Engineering*, Volume 8, Issue 1, (2020), pp. 86-92.
(84) Rick W. Sturdevant, "From Satellite Tracking to Space Situational Awareness-The USAF and Space Surveillance, 1957-2007", *Air Power History* Vol. 55 (2008), pp. 4-23.
(85) 株式会社アストロスケール「令和元年度内外一体の経済成長戦略構築にかかる国際経済調査事業（宇宙状況把握データプラットフォーム形成に向けた各国動向調査）調査報告書」，2020年2月，<https://www.meti.go.jp/meti_lib/report/2019FY/itakuichiran2019FY.pdf>。
(86) Sandra Erwin, "Space Fence surveillance radar site declared operational", *SpaceNews*, 28 March 2020, <https://spacenews.com/space-fence-surveillance-radar-site-declared-operational/>; ESA, "Space Fence", <https://directory.eoportal.org/web/eoportal/satellite-missions/s/space-fence>.
(87) Theresa Hitchens, "Near-Term Funds For Second Space Fence Radar Uncertain", *Breaking Defense*, 25 August 2021, <https://breakingdefense.com/2021/08/near-term-funds-for-second-space-fence-radar-uncertain/>; Sandra Erwin, "Space Force extends L3Harris' contract to upgrade space tracking system", *SpaceNews*, 3 February 2022, <https://spacenews.com/space-force-extends-l3harris-contract-to-upgrade-space-tracking-system/>.

第 2 部　軌道上の新しいタイプの商業宇宙活動

衝突回避等のサービスを EU 加盟国の衛星運用者に提供する枠組みを構築している。EUSST 自体は協力国間の事務局の役割を果たしており，実質的な衝突回避解析はフランスとスペイン，再突入及び破砕解析はイタリアがそれぞれ提供する解析データを EUSST として配信している[88]。

　ロシアは，米国に次ぐ SSA 能力を保有していると考えられており，公開されている国際科学光学観測ネットワーク（International Scientific Optical Observation Network: ISON）の観測能力[89]や国営企業ロスコスモス（Roscosmos）社の解析能力に加えて，非公開のロシア軍による観測，解析能力を保有していると考えられている[90]。

　中国は，高い SSA 能力を有していると考えられているが，その詳細は秘匿されている[91]。2015 年には国家防衛科学技術産業局と中国科学アカデミーが共同で宇宙ゴミ監視センターを設立したことを発表し，中国の衛星に 100m 以内に接近する事象を年間平均 30 件検知していることを公表している[92]。

　このほか，カナダ，豪州，ニュージーランド，インドなどが政府機関においてその能力向上を図っている[93]。日本においては，2002 年及び 2004 年に完成した，美星スペースガードセンター及び上齋原スペースガードセンターによって光学望遠鏡及びレーダーによるスペースデブリ観測活動が行われてきた[94]。これらの設備は一般財団法人日本宇宙フォーラムが所有していたが，2017 年に JAXA に移管され，2022 年度までに 10cm 級の物体の観測が可能となるよう，その能力向上が計画されている[95]。これに加えて，防衛省におい

---

(88) Pascal Faucher, et al., "Operational space surveillance and tracking in Europe", *Journal of Space Safety Engineering*, Vo. 7 Issue 3（2020）, pp. 420-425.
(89) Russian Academy of Sciences Keldysh Institute of Applied Mathematics, "International Scientific Optical Network (ISON) activities on highly elliptical orbit (HEO) and geosynchronous orbit (GEO) observations and analysis in 2013", Technical Presentations made at the 51st session of the Scientific and Technical Subcommittee of COPUOS, 10-21 February 2014, <http://www.unoosa.org/pdf/pres/stsc2014/tech-26E.pdf>.
(90) Jessica West (ed.), *Space Security Index 2019* (Project Ploughshares, 2019), pp. 31-32; 株式会社アストロスケール「前掲資料（注 85）」91-92 頁。
(91) 株式会社アストロスケール「前掲資料（注 85）」93-94 頁。
(92) "China launches space junk monitoring center", The Commissioner's Office of China's Foreign Ministry in the Hong Kong S.A.R, 10 June 2015, <https://www.mfa.gov.cn/ce/cohk/eng/xwdt/jzzh/t1271684.htm>.
(93) 株式会社アストロスケール「前掲資料（注 85）」92-98 頁。.
(94) 一般財団法人日本宇宙フォーラム「財団について」, <https://www.jsforum.or.jp/outline/history.html>。

てSSA運用システム及びセンサーを整備するほか、2026年までにSSA衛星を打ち上げる予定で(96)、2022年3月には航空自衛隊にその整備・運用にあたる宇宙作戦群が設置された(97)。

　商業利用としての発展は上記の軍需又は軍需に対応したツールやシステムの提供を主軸にしてきた企業が多い。中でもパイオニア的存在は1989年に創業した米国AGI社で、衛星軌道解析ツールであるSTKの提供を主力事業としつつ、商業SSAサービス（Commercial Space Operations Center: Comspoc）を展開している。2021年に主力事業をアンシス（Ansys）社の傘下に入れるため、商業SSAサービス事業を独立分社化してコムスポック（COMSPOC）社を設立した(98)。1996年創業のニュメリカ（Numerica）社は、130を超える光学センサーからなる自社ネットワークを用いたSDAサービスを米軍を中心に提供している(99)。また、通常は太陽光が強すぎて観測が困難とされている昼間時間帯でも宇宙物体の観測を可能とする技術を開発して2020年に特許化している(100)。2008年に創業したエグゾ・アナリティック（ExoAnalytic Solutions）社は、300以上の望遠鏡からなる自社ネットワークを擁し、自社での解析を通じて、静止軌道、中軌道及び静止遷移軌道におけるイースポック（ExoAnalytic Space Operation Center: ESpOC）と呼称するSDAサービスを提供している(101)。2016年創業のレオラブス（LeoLabs）社は、10機のレーダー観測網によって低軌道における物体を中心に17,000個以上の宇宙物体を観測するSDAサービスを展開している(102)。

---

(95)　JAXA「宇宙状況把握（SSA）システム」、<https://www.jaxa.jp/projects/ssa/>。
(96)　将来的な複数機運用の検討、これらの衛星への推薬補給や高機動推進技術等の検討も行うこととされている。「宇宙基本計画工程表（令和3年度改訂）」、宇宙開発戦略本部決定、2021年12月28日、10頁。
(97)　「空自『宇宙作戦群』が発足…宇宙ゴミや外国衛星の動き監視」、読売新聞オンライン、2022年3月18日、<https://www.yomiuri.co.jp/national/20220318-OYT1T50232/>。
(98)　Debra Werner, "The more things change: Ansys acquisition isn't likely to alter AGI or Comspoc", *SpaceNews*, 21 December 2020, <https://spacenews.com/the-more-things-change-ansys-acquisition-isnt-likely-to-alter-agi-or-comspoc/>.
(99)　Numerica, "Space Domain Awareness", <https://www.numerica.us/sda/>.
(100)　Numerica, "Numerica expands first-ever daytime satellite tracking service and receives patent", 28 August 2020, <https://www.numerica.us/numerica-expands-first-ever-daytime-satellite-tracking-service-and-receives-patent/>.
(101)　ExoAnalytic Solutions, *supra* note 141. なお、米軍がSSAからSDAへの転換を表明して以降、米国企業はSDAを包含するサービス提供が可能であるとの意を込めて自社サービスを「SDAサービス」と呼称する傾向がある。

第 2 部　軌道上の新しいタイプの商業宇宙活動

　軌道情報を独自観測によって取得して，衛星運用に資する形で提供するサービスを展開しているのは上記の 4 社であるが，そのほかの SSA 関連の商業展開もある。1994 年以来米軍へ戦闘システム等を供給しているクラトス・ディフェンス（Kratos Defense）社は，電波センサーによる SDA 能力を有しており，世界中に展開した 80 以上のアンテナ観測により電磁干渉の低減と SDA サービスを提供している[103]。また，2009 年創業のスペースナブ（SpaceNav）社は，応用数学を用いた接近解析，軌道決定，マヌーバ計画立案等を提供する応用 SSA サービスを展開し，2019 年に NOAA へ同サービスの提供を開始した[104]。

　軌道上で衛星から宇宙物体を観測する軌道上 SSA 技術は伝統的にカナダが得意とするもので，2003 年にカナダ宇宙庁（Canadian Space Agency: CSA）とカナダ国防省の共同プロジェクトとして打ち上げられた NEOSSat が，地球近傍天体とスペースデブリの軌道上からの観測データをもたらした[105]。2015 年に創業したカナダのノーススター（NorthStar Earth & Space）社は 52 機の衛星コンステレーションによる軌道監視網の構築を計画している。これは，40 機の地球観測衛星とコンステレーションを組む 12 機の Skylark SSA 衛星によって光学センサーでの低軌道衛星の追尾を可能とするもので，カナダ政府も資金を投じており，2024 年に 4 機の打上げに成功した[106]。同社の競合も現れており，2017 年に大手軍事企業 L3 ハリス（L3 Harris）社の傘下に入って L3 ADS 社となった旧アプライド（Applied Defense Solutions）社は[107]，2017 年に

---

(102)　LeoLabs, "LeoLabs Commits to Australia as Strategic Site for Next Space Radar", 19 October 2021, <https://www.leolabs.space/wp-content/uploads/2021/10/Press-Release-Final-19Oct21-LeoLabs-Commits-to-Australia-as-Strategic-Site-for-Next-Space-Radar.pdf>. 伊藤忠商事と代理店契約を結び航空自衛隊にもサービスを展開している（杉山昇一「航空自衛隊，LeoLabs 社と契約（伊藤忠航空株式会社を通じて）」『防衛技術関連情報レポート』，2022 年 5 月 26 日）。
(103)　Kratos Defense, "RF Space Domain Awareness Services", <https://www.kratosdefense.com/>.
(104)　"NOAA Selects SpaceNav for Advanced SSA Services", *SpaceNav*, 8 August 2019, <https://www.space-nav.com/news/>.
(105)　ESA, "NEOSSat", <https://directory.eoportal.org/web/eoportal/satellite-missions/n/neossat>.
(106)　JeffFoust, "Electron launches NorthStar satellites in latest recovery test", *SpaceNews*, 31 January 2024, <https://spacenews.com/electron-lannd-northstar-satellitos-in-latest-recovery-test/>.
(107)　Ross Wilkers, "L3 acquires space tech firm Applied Defense Solutions", *Washington Technology*, 2 July 2018, <https://washingtontechnology.com/2018/07/l3-acquires-space-

米国の中小企業技術革新支援制度（SBIR）を利用した政府の資金援助を受けて，静止軌道で 16 等級までの明るさの物体を検知可能な 30cm 級の軌道上 SSA センサーの軌道上実証を実施している[108]。日本ではアストロスケール社が，軌道上での観測のサービス展開を目指している[109]。

また，この分野は，すでに軌道上に存在する衛星が姿勢決定のために必ず搭載している恒星センサ（スタートラッカ)[110]を活用して他の衛星の軌道データを集積するアイディア[111]，光学センサーとレーダーの性能向上のみならず，レーザーなどのその他の観測システムを組み合わせることで観測能力の向上を図るもの[112]，レーダー画像の解析能力を向上させることで観測能力を向上させるものなど[113]，技術開発競争の真っただ中にある。連鎖衝突を防止するような軌道の設計ツールや運用システムに将来のビジネスチャンスを見出して，技術の囲い込みの動きも始まっている[114]。

2015 年以降は，米軍宇宙コマンド（United States Space Command）隷下の統合宇宙作戦センター（Combined Space Operations Center: CSPOC，以下「CSPOC」という。）が提供しているサービスを民間又は民生機関に移管すべきとする政策転換を受けて[115]，米国を中心に民生用システムの構築，商業活動の流れが

---

tech-firm-applied-defense-solutions/348168/>.
(108) U.S. Small Business Adinistration, "Small Satellite System for Space Surveillance", <https://www.sbir.gov/sbirsearch/detail/1489097>.
(109) "Japan's space debris remover Astroscale secures $109M, brings valuation to $295M", *The Bridge*, 27 November 2021, <https://thebridge.jp/en/2021/11/astroscale-series-f-round-funding>.
(110) 鈴木弘一『はじめての宇宙工学』（森北出版，2008 年）77-78 頁。
(111) 「スタートラッカを用いた宇宙状況監視による衛星衝突回避 SaaS」，S-Booster 2021，内閣府宇宙開発戦略推進事務局，2021 年 12 月 17 日，<https://s-booster.jp/2021/final/index.html>。
(112) Vision Engineering Solutions, <https://vision.engineering/>.
(113) JAXA「低軌道，宇宙デブリ観測」，<https://www.aero.jaxa.jp/spsite/rensai/column/27.html>。
(114) 三菱電機株式会社・迎久幸「監視制御装置，監視システム，人工衛星および地上設備」特開 2021-138268，2021 年 09 月 16 日；三菱電機株式会社・迎久幸「衛星コンステレーション形成システム，衛星コンステレーション形成方法，デブリ除去方式，衛星コンステレーション構築方式，地上設備，宇宙交通管理システム，宇宙物体管理部，および軌道降下時衝突回避運用方法」WO2020-158505（JP2020001901），2020 年 8 月 6 日。
(115) Jeff Foust, "Report recommends civil agency for space traffic management", *SpaceNews*, 28 December 2016, <https://spacenews.com/report-recommends-civil-agency-for-space-traffic-management/>; Marcia Smith, "Hyten, Bridenstine: No Time to Waste Getting Civil SSA Agency", *SpacePolicyOnline*, 22 June 2018, <https://spacepolicyonline.

加速しており，欧州や日本でも政策の変化がみられる。日本は2022年に防衛省がSSA情報を集約して関係省庁に加えて民間衛星運用者にも無償で提供することを決めている(116)。欧州では，米国の宇宙物体カタログに欧州各国の取得データを付加したEUSSTのサービス提供能力を拡充し，10cm級のすべての物体に対して，全球的な観測能力を付与し，現行の，衝突回避，再突入解析及び破砕解析に加えて，スペースデブリ発生防止と除去のサービス提供を検討することとした(117)。なお，SSAに対する政策は，能力構築が先行してきた歴史があるものの，現在においては，宇宙空間における物体の往来を交通管理として捉え直して規則の再整理と新たな規範の導入を促進する，宇宙交通管理(STM)政策の一環として位置づけられるに至っていることが特徴的である(118)。

第2節　法的課題

　SSAサービスに係る法的課題は，商業的に提供するために必要な法的環境整備の課題が前提として存在するものの，サービスそのものにおける法的課題は，提供しているSSAデータに起因して事故が発生した場合に国家の国際責任が生じ得るか，またSSAサービス事業者の責任が問われるか，という点である。現在提供されているSSAサービスには，そのデータの誤りに起因する損害については責任を負わない旨の免責条項が表明されているが(119)，軌道上運用の多くが商業SSAサービスに依存するようになると，SSAサービスに全く責任が発生しないという整理は受け入れ難くなるだろう(120)。衛星運用にお

---

　　　com/news/hyten-bridenstine-no-time-to-waste-getting-civil-ssa-agency/>.
(116)　防衛省「宇宙（安全保障）に関する今後の取組報告」，第46回宇宙政策委員会宇宙安全保障部会，2022年3月，<https://www8.cao.go.jp/space/comittee/27-anpo/anpo-dai46/gijisidai.html>．
(117)　European Commission, High Representative of the Union for Foreign Affairs and Security Policy, "An EU Approach for Space Traffic Management-An EU contribution addressing a global challenge", JOIN（2022）4 final, 15 February 2022.
(118)　米国においては，"Space Policy Directive-3 of June 18, 2018-National Space Traffic Management Policy", *Federal Register* Vol. 83 No. 120, 18 June 2018, pp. 28969-28976。欧州においては，*ibid*。日本においては，「スペースデブリに関する関係府省等タスクフォース大臣会合」が，2022年度から「宇宙交通管理に関する関係府省等タスクフォース大臣会合」へ改称されている。
(119)　"User Agreement", <https://www.space-track.org/documentation#/user_agree>.
(120)　Atsuyo Ito, *Legal Aspects of Satellite Remote Sensing*（Martinus Nijhoff, 2011）, pp.

いてSSAサービスを利用することは現代においては必要不可欠の要素とされつつあり，自らが推進手段を持たない小型の衛星であっても，自機の軌道決定や周辺の状況把握のためにCSPOCがウェブページ上で公開している情報を利用している。

　現時点ではSSAサービスとしての提供データが原因となって損害が発生した場合の特別の責任制度が存在しないことから，損害発生時には一般民事法に基づく不法行為責任及び契約責任が問われることになる。この点，米国のGPS，日本の準天頂衛星システム（QZSS），ロシアのGLONASS，EUのGalileo等の衛星測位システムなどのいわゆる全球測位衛星システム（Global Navigation Satellite System: GNSS, 以下「GNSS」という。）の提供データに起因する損害について，GNSS提供主体がどのような責任を負うべきかという議論が参考になる。GNSSにおいてはシステムの所有者，運用者が国の機関か国の委託を受けて実施している機関であるため，日本法上は国家賠償責任の成立の有無が大きな論点となるが[121]，諸外国を含めて，契約法及び不法行為法上は運用者の責任が問える場面は極めて限定的であるため，測位信号に起因する損害が発生した場合のGNSS衛星運用者の損害賠償責任は，契約に明確に規定する必要があるとされている[122]。これと同様に，SSAデータ提供事業者側が契約上の免責を主張する限りは，民事上の損害賠償責任が成立する場面は極めて限定的と言わざるを得ない。

299-311参照。
[121]　小塚荘一郎・藤野将生・北永久「測位衛星システム（GNSS）から提供される情報の過誤と民事責任」『情報法制研究』第2号（2017年）3-14頁。
[122]　Frans G. von der Dunk, "Liability for Global Navigation Satellite Services: a Comparative Analysis of GPS and Galileo", *Journal of Space Law* Vol. 30 (2004), pp. 129-167.

第2部小括

　ニュースペース活動の旗手として短期間で急成長を遂げている衛星コンステレーション事業，軌道上サービス事業及びSSAサービス事業において，急速な商業分野の発展に対する法的な規律が追い付いていない状況が第2部の検討を通じて明らかになった。また，軌道上で展開される衛星コンステレーションや軌道上サービス事業と，主たる活動が地上で展開されるSSAサービス事業とでは法的課題も検討すべき論点も大きく異なることが分かった。それにも関わらず，SSAサービスは持続可能な宇宙活動に必要な安全運用を継続するためには必要不可欠な要素であることから，商業宇宙活動に対する規律の在り方を論じるうえで，切っても切れない関係にある。

　衛星コンステレーション及び軌道上サービス事業における法的課題としては，事故時の責任関係をどのように配分するべきか，という古くて新しい難題が横たわっている。国連宇宙諸条約及びそれを受けた国内法の現行規定において，一応の責任分担に対する整理は提供されているが，現状では十分に責任追及が行える基盤が整っているとは言い難い。例えば，どの程度の水準の要件を備えているSSAサービスを利用すればよいか，衛星コンステレーションはどの程度の安全措置を備えていればよいか，どのような軌道計画や運用計画であればよいか等の基準は，すべて国内規則による規律に委ねられている。そしてそれらの活動を行う国における国内規則は各国が独自に制定しているのが現状である。したがって国際責任を追及する場合の基準が不明確であるばかりか，国によっても遵守すべき技術的水準が一定していないこととなり，ひとたびより要求水準の低い国へと活動が流れていく悪循環が働けば，宇宙活動全体の安全運用が脅かされるという危機的な事態に陥りかねない状況にある。なお，各国の国内規則における要求水準が一定していないことと国際責任追及の基準が不明確であることは相互に関係している。この点も含めて，またこの状況を打開するための分析について，第3部で検討したい。

第 3 部　商業宇宙活動に対する国際法の規律構造

第 3 部　商業宇宙活動に対する国際法の規律構造

第 3 部序論

　第 1 部及び第 2 部で明らかにした具体的な活動における法的課題を踏まえ，第 3 部では，商業宇宙活動に対する国際法の規律の構造的な分析を試みる。これにより，商業宇宙活動の発展に対し，国際法の規律がどのように及んでおり，どのように欠歇しているかを，その構造的な原因とともに浮き彫りにし，国家が優先的に対応しなければならない事項や国際交渉の論点の抽出，近い将来の検討課題等を明らかにするための普遍的な分析枠組みを提示し，対処療法に留まらない政策形成に対する指針を示す。

　第 3 部においては，第一に，宇宙条約 6 条から 9 条に対する先行研究の分析等を通じてこれまでに明らかにされてきた商業宇宙活動に適用される国際法の法律構成を概観する（第 1 章）。そのうえで，それらの法律構成から国際法が商業宇宙活動に対して及ぼしている規律のメカニズムの描出を試みる（第 2 章）。そして最後に，第 1 部及び第 2 部で取り上げた具体的な宇宙活動を題材に第 2 章で提示したメカニズムがどのように作用しているかを改めて分析し，それぞれの活動に対する規律が構造的にはどのような意味を持っているかを示す（第 3 章）。これにより具体的な商業宇宙活動における国際法上の課題と今後の国際交渉の論点を浮き彫りにすることを目指す。

第1章　商業宇宙活動を規律する国際法の法律構成

　宇宙条約 6 条第 1 文が「自国の活動について，それが政府機関によって行われるか非政府団体によって行われるかを問わず」その帰結の国際的責任は国家に帰属することを規定していることから，商業宇宙活動は国家の責任に直結しており，一般国際法上の国家責任の帰責性の要件に対する特別法であることに争いはない(1)。したがって商業宇宙活動は国際法によって直接規律されており，その遵守義務が国家にあるといえる。そこで，商業宇宙活動に適用される国際法の適用関係について，一般国際法上の国家責任と宇宙条約の 6 条から 8 条の関連条文がどのように連関しているかの問題となる。

第1節　宇宙条約 6 条と 7 条の関係

　宇宙条約は，「責任」の用語を 2 度登場させている。これは，条約の正文である 5 つの言語のうち，英語においてのみ，"international responsibility"（6 条）と"internationally liable"（7 条）を使い分けており，ロシア語，フランス語，スペイン語，中国語においては，「責任」の意にあたる同一の用語を用いているため，6 条における責任と 7 条における責任に概念上の相違があるのか否かが問題となる。この点の学説は大きく 3 つの考え方に分かれていると言える。
　第一の考え方は，responsibility と liability は条約交渉上使い分けた用語であり，いずれも国際法上の義務（obligation）を指す用語であるため，両者は同義であるとする考え方である(2)。この考え方は，responsibility も liability も国家責任法上の義務に帰結させ，いずれの条文も国家責任発生の要件と効果を規定しているものと捉える。確かに異なる用語を用いているのも 5 つの正文のうちの英語版のみであり（たとえば，仏語の条約正文では両者ともに responsabil-

---

(1) Stephan Hobe, et al. (eds.), *Cologne Commentary on Space Law Vol I Outer Space Treaty* (Carl Heymanns Verlag, 2009), Art. VI, para. 40-46; Manfred Lachs, *The Law of Outer Space: An Experience in Contemporary Law-Making (Reissued edition)* (Martinus Nijhoff Publishers, 2010), p. 114.
(2) Hobe, et al. (eds), *ibid*, Art. VII.

ité，中国語では「責任」の語を用いている。）国家責任法上の義務を受け入れさせやすくするための会議戦術として，同意語を用いて合意形成を図ったと考えることには一定の合理性がある。

　第二の考え方は，国際責任（international responsibility）の結果[3]の一類型として国際賠償責任（international liability）が存在し，両者は包含関係にあるとする考え方である[4]。宇宙損害の場合には国際責任の法的効果としての原状回復が困難であることが想定されたため，現実的に期待できる金銭賠償についての細則が発展し，宇宙条約7条の特別法として，宇宙損害責任条約に結実したものと考えられる。

　ここで宇宙条約7条の成立交渉過程に目を向けると，提案条文の段階ではソ連から第二の考え方に沿った提案が提出されていた形跡があるが，その後の議論においては将来作成する宇宙損害責任条約による損害賠償責任の細則の成立を担保することに重きが置かれ，損害賠償責任と国際責任の位置付けとしての明確な合意は示されず，宇宙活動に関する損害賠償を巡っては更なる議論が必要である旨のみが合意されている[5]。そして宇宙損害責任条約の成立により，宇宙条約6条と7条の関係に対する解釈としては，第二の考え方が定着したと言える。

　第三の考え方は，国際責任（international responsibility）と国際賠償責任（international liability）をそれぞれ独立したレジームと捉え，それらを総括した責任を国家の説明責任（state accountability）と総称する考え方である[6]。この考え方を取る場合，国際責任と国際賠償責任はそれぞれに発生要件も効果も異なることから，別々の法レジームが，お互いに干渉することなく適用されることになる。国際責任は，国際法義務違反を要件として，原状回復（restitution），金銭賠償（compensation），満足（satisfaction）がその効果となる一般国際法上のレジームである[7]。他方で，国際賠償責任は，個別条約上で規定される特

（3）　岩沢雄司『国際法（第2版）』（東京大学出版会，2023年）570-571頁。なお，国家責任条文は「国家責任の内容」と表記し，「違法行為の法的結果」「国際責任の効果」「国際責任の履行」と表記されることもある（大森正仁『国際責任の履行における賠償の研究』（慶應義塾大学出版会，2018年）126頁）。
（4）　Lachs, *supra* note 1, pp. 113-118.
（5）　Hobe, et al. (eds), *supra* note 1, Article VII, para 23-28.
（6）　Peter Stubbe, *State Accountability for Space Debris: A Legal Study of Responsibility for Polluting the Space Environment and Liability for Damage Caused by Space Debris*（Brill Nijhoff, 2017）, Chapter 2.

別法レジームであり、宇宙の場合には宇宙損害責任条約がその基礎となる。要件も同条約規定のものに限定され、効果も金銭賠償に限定される。この2つのレジームが共存するという割り切った考え方は、国連国際法委員会が、国家責任条文草案から、違法ではないが他国に損害を与える恐れがある高度に危険な活動から生じる損害に対する責任を取り出して議論し、危険活動から生じる越境被害の賠償責任の配分方法としての議論に帰結させたことから[8]、現在においては一層その妥当性が裏付けられてきた考え方と言える。すなわち、国際賠償責任とは、国際責任の最も重要な成立要件である国際法上の義務違反の有無を問わなくとも賠償責任を追及すべき特定の分野においてのみ妥当する責任レジームであると認識し、国際責任との両立を認めることで、国際責任の成立が不完全と見込まれる場合であっても重大な越境損害に対しては金銭賠償による救済措置が行われる余地を残したのである[9]。

　宇宙活動の主体が事実上は国家政策に基づくものに限定されていたこれまでの時代においては、第二の考え方を取り、損害発生時の現実的な賠償手段を念頭に置きつつ政府が活動を続けることで大きな問題は生じなかった。しかし、政府の目の届かない商業宇宙活動が盛んになり、政府もそれを奨励する時代となってきた今日においては、これらの活動と国際責任の連結点を明確化する必要に迫られている。なかでも、国際責任を負うことになる可能性のある活動を予め政府が把握してこれに備えることを可能にするために主要宇宙活動国において浸透してきた許認可制度により、許認可を行った国家には、たとえ宇宙条約上の打上げ国に該当せずに国際賠償責任の追及が困難な場合であっても、その活動を積極的に容認した責任をどう考えるべきかという課題が浮上している

---

(7) 岩沢『前掲書（注3）』559-606頁、国家責任条文34条～37条。
(8) 薬師寺公夫「越境損害と国家の国際違法行為責任」『国際法外交雑誌』第93巻第3・4号（1994年）75-129頁；柴田明穂「危険活動から生じる越境損害の際の損失配分に関する諸原則」村瀬信也・鶴岡公二編『変革期の国際法委員会（山田中正大使傘寿記念）』（信山社、2011年）、273-296頁；Michel Montjoie, "The Concept of Liability in the Absence of an Internationally Wrongful Act" in James Crawford et al. (eds.), *The Law of International Responsibility* (Oxford University Press, 2010), pp. 503-513 参照。
(9) Frans G. von der Dunk, "Liability versus Responsibility in Space Law: Misconception or Misconstruction?", *Proceedings of the Thirty-fourth Colloquium on the Law of Outer Space*, AIAA, 1992, pp. 363-371. ただし、一般国際法上、国際違法行為に対する国家責任とは別の体系として国際法上適法な行為に対する国際補償責任という観念が成立するかという疑問は未解決のままとなっている（岩沢『前掲書（注3）』、566頁）。

といえる。したがって，今日においては第三の考え方が最も妥当するといえるが，通説と言えるほどには受け入れられていない。

第2節　宇宙条約9条の意義

宇宙条約9条は第一文において，自国の宇宙活動は「他のすべての当事国の対応する利益に妥当な考慮（due regard）を払って…活動を行うものとする」と規定している。これは，宇宙空間においては，ある国家が管轄権を有する宇宙物体が，他の国家管轄権が及んでいる宇宙物体に対して損害を与えることを防止する義務，いわゆる防止の義務を具現化した条項と捉えることができる。すなわち，国家の領域主権の管理責任として，国家管轄権が及んでいる範囲における活動において他国の管轄権の及ぶ範囲に対して損害の発生を防止する義務（preventive measures）[10]として作用する場面と捉えることができる。

他方で，宇宙物体が宇宙空間に対して損害を与えることを防止する法理があるかという点については，現行国際法上の規則にそれらを見出すことが困難である。この点について，国際環境法分野で発展してきた予防原則（pre-cautionary principles）の応用が検討されているが[11]，予防原則自体が一般国際法上の地位を得るに至っていない現状において直ちに応用することは困難なものの，近い将来の立法に取り込む可能性は考えられる。

最後に，防止の義務に違反したことによる国際責任が発生するかについて，検討しておく必要がある。一般国際法上の国際責任は，国際違法行為に対して成立することから，宇宙条約9条が規定する他国の宇宙物体に損害を与えることを防止する義務に違反した場合には，加害国に国際責任が成立することになり，その処理は宇宙損害責任条約が規定するものとは別に，一般国際法上の国家責任の規則に則ったものとなる。その際の課題は，同条が要件とする「妥当な考慮を払う」義務の具体的な判断基準をどこに置くかという点に帰結すると言えるのである。その詳細な検討は第2章第3節にて行うこととする。

---

(10) Trail Smelter case (United States v Canada), *Reports of International Arbitral Awards*, Vol. 3, pp. 1905-1982, (International Arbitration Tribunal, 11 March 1941).

(11) 堀口健夫「宇宙空間におけるスペースデブリによる損害の未然防止と国際環境法」，岩沢雄司・森川幸一・森肇志・西村弓編『国際法のダイナミズム（小寺彰先生追悼論文集）』（有斐閣，2019年）457-483頁。

第3節　宇宙条約8条の意義

　宇宙条約6条が規定する許可及び継続的監督は国際的に実施されるものではなく，国家が国内管轄事項として行使するものであるから，国家が当該対象行為や主体に対して管轄権を有していることが前提となる。宇宙空間におけるこの連関を規定するのが宇宙条約8条と言える。8条は登録物体に対する「管轄権及び管理の権限」を規定し，国家が宇宙物体を国内法によって規律する国際法上の根拠を創出している。むろん，8条が創出した宇宙物体に対する管轄権は，一般国際法上認められている属人的，属地的管轄権の補完的内容というべきで，自国民や自国の領域内での活動に対しては8条の規定がなくとも管轄権が及んでいる。しかし，宇宙空間における国家管轄権は，海洋や空域などの他の国際的領域におけるものとは異なる作用を及ぼしている。海や空のように，主権的領域と隣り合っている国際的領域では，国家の主権は及ばないとしても，公海や公海上空の秩序維持にも国家が一定程度の関心を持っていると言える。これに対して，宇宙空間は主権的領域と隣り合っていない，あるいは物理的には隣り合っていてもその認識が希薄であるために国家による関心が薄いという特徴があるといえる[12]。これは宇宙活動が依然として無人での活動が主体であることが原因で，有人活動が増えれば関心が高まるとも考えられるが，そうであっても，宇宙空間において国家管轄権が適用されるのは宇宙物体に対してのみであるという制度が変更されない限りは，国家は依然として，自国の物体が損害を被らないことや自国の物体を原因とした国際責任を問われないことなどの消極的な関心しか持たず，宇宙空間そのものの秩序維持という公的な関心を持つインセンティブが働きにくい制度的環境にあると言える。
　したがって，宇宙活動における国家管轄権の分析軸としては，宇宙物体に着目してその活動のライフサイクルに対して及ぼされる国家管轄権と，宇宙空間に着目してその空間に及ぼされ，又は影響を与える国家管轄権の2つの側面から検討する必要がある。

---

(12)　竹内悠「国際宇宙交通管理（STM）レジームによる国際宇宙ガバナンス確立の必要性」『法学政治学論究』第120号（2019年）81-85頁；Yu Takeuchi, "STM in the Nature of International Space Law", at the 5th Space Traffic Management Conference, Paper No. 26, 27 February, 2019.

第 3 部　商業宇宙活動に対する国際法の規律構造

1　宇宙物体に対する管轄権

　宇宙条約では宇宙物体（space object）の用語を 1 度しか用いておらず（10 条），それ以外においては単に「物体（object）」の用語を用いており，いずれの用語についても定義を置いていない。「宇宙物体」の用語については，宇宙損害責任条約 1 条において初めて「『宇宙物体』には，宇宙物体の構成部分並びに宇宙物体の打上げ機及びその部品を含む。」という規定が置かれた。宇宙物体登録条約 1 条においても同じ規定が置かれた。しかしこれは宇宙物体自身の構成要件や性質を定めておらず，打ち上げられた物体であっても宇宙物体ではないものが存在するのか，物体はどの時点から宇宙物体となるのか，人工物でないものも宇宙物体となるのか，スペースデブリなどその本来の機能を喪失した物体は依然として宇宙物体なのか，といった問題を惹起し，すべてが解釈に委ねられてきた[13]。現在では，地上から人工的に宇宙空間に導入されたものはすべて「宇宙物体」と考えられており，物体がその機能を喪失した後も「宇宙物体」の地位に留まるというのが一般的な理解となっている[14]。

　宇宙物体に対する国家管轄権は，宇宙条約 8 条に基づいて，登録した宇宙物体に対して認められる。この法的性質や運用に対しては多くの先行研究があり，特に 8 条が管轄権とともに登録国に付与する管理の権限の性質やその継続性等に着目した研究は多数存在する[15]。国家が宇宙物体に対して管轄権を及ぼすためには自国における宇宙物体登録簿に対する登録を基点とする必要がある。これは船舶や航空機と同様の措置と考えられ，国家による管轄権行使の意思表明とみなすことができる[16]。

　また，宇宙物体に対する管轄権及び管理の権限の具体的実行として，許認可システムが用いられてきているが，その内容はこの 10 年で各国に発展してきた比較的新しい国内立法に依拠していると言える。加えて，許認可システムは，一部の大国を除いては，領域外の活動に対しては無力と言わざるを得ず，現代における国際取引による宇宙機の軌道上引き渡しや他国企業への衛星運用委託

---

(13)　Bin Cheng, *Studies in International Space Law* (Clarendon Press, 1997), pp. 492-507.
(14)　*Ibid.*, pp. 508-509.
(15)　佐古田彰「宇宙物体登録実行における宇宙物体と国家の関係（一）」『商學討究』57 巻 2・3 号（2006 年）33-64 頁；佐古田彰「宇宙物体登録実行における宇宙物体と国家の関係（二・完）『商學討究』57 巻 4 号（2007 年）」183-225 頁参照。
(16)　この点を捉えてもはや宇宙機の「国籍」によって判断しても差し支えないのではないかとする見解もある。青木節子「宇宙物体の『国籍』」『国際法研究』9 号（2021 年）。

第 1 章　商業宇宙活動を規律する国際法の法律構成

等のケースでどのように実効性を及ぼすかが問題となっている(17)。また，許認可システムを整備していない国においては宇宙物体の運用を国家がどのように把握し，どのように安全を担保するかという課題がある。

　なお，宇宙条約 8 条は，管轄権及び管理の権限（jurisdiction and control）と規定している点について，「管理の権限」を宇宙機の運用管制のための権限と解釈する考え方もあるが(18)，国際法上は管轄権を属地主義に淵源を持つもの，管理の権限を属人主義に淵源を持つものと理解して，包括して国家管轄権を指すものとの解釈が一般的といえ(19)，本書もこれを共有する。

2　宇宙空間における管轄権

　その空間そのものが国家の領域でなかったとしても，空間において国家管轄権は一定の役割を果たしてきた。例えば公海においては，21 の区域に分けて主要沿岸国が分担して世界航行警報業務を行っている。これは国際海事機関（IMO）による決議(20)に基づいて創設されたしくみだが，そのコストは各国によって賄われており，例えば日本では海上保安庁海洋情報部の一部局が水路通報業務とともにその役割を担っている(21)。この業務は，海上における射撃訓練等の船舶の安全に支障を及ぼす情報を無線等によって航行警報として発出することで船舶の安全航行を支えるもので，国際水路機関の世界航行警報小委員会において国際調整も定常的に実施されており，相応のコストを負担して国家がその業務を担っている。航空分野においては，領空と公海上空を領空とは異なる単位での飛行情報区（Flight Information Region: FIR，以下「FIR」という。）に分割して各国の航空交通管理センターが分担して航空交通業務を行っている。この仕組みは国際民間航空機関（International Civil Aviation Organization: ICAO）

---

(17)　青木節子「衛星の所有権移転に伴う『打上げ国』の損害責任問題」『空法』54 号（2013 年）1-26 頁。
(18)　Stephan Hobe, *Space Law* (*First Edirion*) (Nomos Verlagsgesellschaft, 2019), pp. 87-88. この点，山本は，管轄権を宇宙物体上での事実や行為について登録国が国内法の適用対象とし，その遵守を強制する権限，管理を宇宙物体の活動に対する指令，追跡，管制などの関係国内法令に基づいて行われる事実上の規制行為をいうとし，国家管轄権を宇宙活動に即して分解して説明している（山本草二『国際刑事法』（三省堂，1991 年）181 頁）。
(19)　Hobe, et al. (eds), *supra* note 1, pp. 38-40.
(20)　International Maritime Organization, Assembly Resolution A.706（17），6 November 1991.
(21)　海上保安庁海洋情報部ウェブページ，<https://www1.kaiho.mlit.go.jp/kokusai.html>。

によって設置，維持されており，日本においても国際調整業務を含めて国土交通省航空局がその役割を担っている。FIR は世界のほぼすべての空域に対して割り当てがなされており，各国が自らの負担でこれに参画している。しかし，宇宙空間においては，大型スペースデブリの除去や宇宙交通管理の必要性が叫ばれて久しいものの，その国際的な対応は遅々として進まない。海洋においても空域においても，国際的領域に対する秩序維持ともいえる機能を各国が分掌して維持している前例があるにもかかわらず，宇宙空間に対して同様の積極性は見いだせていない。この背景には，技術的課題を捨象してもなお，宇宙空間における国家管轄権の作用が，海洋や空域に対するそれと異なることがあると考えるべきである。すなわち，海洋や空域は，主権的領域に隣接している空間として公海や公海上空を捉えているため，たとえ国家管轄権が及んでいないとしても，その領域の秩序維持は国家にとって強い関心があると考えられる。隣接する公海や公海上空における秩序に異変がある場合，それは直ちに自国領域への異変として強い影響を受ける懸念があるため，日常的にその秩序維持を分担するとともに，情報収集に努めているといえる。他方で宇宙空間においては，隣接している主権的領域がない，あるいは極めてあいまいである。最も隣接しているのは宇宙空間の下部に広がる領空であるが，その空間的境界については半世紀以上の理論的対立があり，いまだに明確な画定がなされていない[22]。加えて，実質的に有益な利用が行える空域と宇宙活動が行われている空間とでは，物理的な距離が依然として大きい。一般的な航空機が運航する高度が地上から 10〜20km 程度，大気圏観測用の高高度気球であっても 70km 程度であるのに対し，地球周回軌道を周回できる物理的高度は約 100km と言われており，国際宇宙ステーションが約 400km，世界で最も低い軌道にて運用したギネス記録を持つ人工衛星「つばめ」（SLATS）の高度も 167.4km であった[23]。したがって，航空活動として現実的に利用される高度 10〜70km 付近と技術的に実現できる宇宙活動の限界最低高度には約 100km 以上の差があり，宇宙空間が空域に隣接しているという実感に結び付いていないと推測できる。このように，宇宙空間が領空に隣接した空間と認識されておらず，また宇宙空間そ

---

[22] Francis Lyall and Paul B. Larsen, *Space Law: A Treatise (2nd ed.)* (Routledge, 2018), pp. 135-162.
[23] JAXA「超低高度衛星技術試験機『つばめ』（SLATS）がギネス世界記録（R）に認定されました」，2019 年 12 月 24 日，<https://www.jaxa.jp/press/2019/12/20191224a_j.html>。

のものに対する領域主権の主張が，天体上も含めて禁止されている（宇宙条約2条）ことから，国家にとっての宇宙空間は，公海や公海上空のような国際的領域に比して，秩序維持のインセンティブが低い領域とならざるを得ない[24]。宇宙空間において容認されているのは宇宙物体に対する管轄権のみであるため，物体同士の関係でしか作用せず，宇宙空間全体の秩序維持が観念しづらくなっている。ある意味で，宇宙空間は他の国際的領域よりも国際的領域としての性質が更に弱い，公的秩序が未成熟な領域というべきと考えられる。

　したがって，宇宙活動における国家管轄権の作用は，宇宙物体に対するものに限定され，また，宇宙物体の定義についても一般的な解釈が確定していないが，少なくとも登録された宇宙物体に対する登録国の国家管轄権が及ぶことは確定しており，残余の問題は管轄権の競合の問題として処理されているのが現状である。

---

(24)　竹内「前掲論文（注12）」83-85頁。

第 3 部　商業宇宙活動に対する国際法の規律構造

第 2 章　商業宇宙活動を規律する国際法のメカニズム

　前章にて見たとおり，現行国際法上の商業宇宙活動に対する規律はこれまではそれぞれの論点ごとに理解されてきたが，本章ではそれらを一体的に捉え，構造的な理解を試みる。すなわち，商業宇宙活動に対して国際法は，宇宙活動を実施した結果に対して責任を負わせることで損害を与えうる活動を抑制する事後統制機能と，宇宙活動から生じる損害発生の可能性を最小化するための活動開始前の措置を国家に要請する事前統制機能を有しており，その両面からの作用とこれらの相互作用によって，国家による規制措置を促し，商業宇宙活動を規律する構造となっているといえることを明らかにする。

第 1 節　事後統制機能と事前統制機能による規律

　宇宙条約 6 条は第一文前段で国際的責任を規定し，これに続く第一文後段において非政府団体の活動に対する許可及び継続的監督を国家に要求している。そして 7 条において国際賠償責任を規定し，宇宙損害責任条約がその詳細を規定する。これまでは，宇宙条約 6 条が規定する責任（responsibility）は，各国における国内宇宙活動を規律するための指導理念であり，これに対する 7 条の責任（liability）についてのみ国家の実質的な責任として宇宙損害責任条約という実定規則が準備されていると考えられてきた[25]。しかし，より一歩踏み込んで 6 条は慣習国際法上の国際責任を背景として，国家に事前に許可及び継続的監督を求めるという事前統制機能を規定して，その国家実行としての発展を期待し，7 条では現実的な事後統制機能としての賠償責任の枠組みを形成したと捉えるべきではないか。そして，6 条の責任には，各国の許可及び継続的監督を実施した結果に対する責任も含まれていると考えるべきであり，許可監督の失敗による損害発生の結果に対しては慣習国際法上の国際責任が妥当すると考えなければならない[26]。そしてこの点が，6 条が事前統制機能の実

---

(25)　Lyall & Larsen, *supra* note 22, pp. 96-97.
(26)　萬歳寛之『国際違法行為責任の研究 ── 国家責任論の基本問題』（成文堂，2015 年）86-90 頁参照。保証責任または確保する責任とも言えるが（大森『前掲書（注 3）』104-106 頁参照），これらの概念は防止の義務を含むと考えられ，宇宙活動に対する許認可にお

効性確保のために用意した事後統制機能の作用であり，国家が国内法整備を行うインセンティブとして働くといえよう。むしろ宇宙条約の意図は，6条の責任（responsibility）を各国に課すことで国内法の充実を促し，それによって自らの法目的の実現を図ることとみるべきである。ここには，国内法の発達が国際法の予定する事前統制機能の充実につながり，国際法の法目的の達成に寄与している現象が見られる。見方を変えれば，国内法の充実なしには宇宙条約6条が要請する事前統制機能は実効的に作用しえないとも言える。したがって，宇宙条約6条は第一文前段に規定した国際的責任を背景に，第一文後段において非政府団体の活動に対する国家の許可及び継続的監督の要求，すなわち事前統制機能を規定し，7条において金銭賠償という事後統制機能へとつなげられていると言える。これにより，宇宙条約は国家に対して事前統制機能と事後統制機能の両方によって宇宙活動を統制することを要求していると言うべきである[27]。そして，事前統制機能が当事国の許可及び継続的監督の内容として国内管轄事項に服する性質のものであるために，国際法上は事後統制機能のみが表出してきたのがこれまでの国家実行であったと言える。

　以上のように考えると，宇宙条約6条にて規定された国際責任は，国家による自国の宇宙活動全体を事前統制機能に服させ，その規制の実行は一般に国内管轄事項の範疇となるものの，その結果として生じた国際違法行為に対しては一般国際法上の国際責任を負うことを規定したものと考えることができる。この点，国際責任の効果としての原状回復，賠償及び満足も宇宙条約6条違反の帰結として排除されているものではないため，国際責任の要件が成立する場合には，7条とは無関係に一般国際法上の国際責任が追及されることとなる。その意味で6条の国際責任の効果としては，「国際違法行為に対する国家責任に関する条文（以下「国家責任条文」という。）[28]」を後ろ盾として，その違反に対しては事後統制機能が働いていると言える[29]。そしてその国際責任は慣習国際法から導き出されており[30]，6条はそれに影響を与えていないのである。

　けるさらなる国家実行の蓄積が必要となる。
(27)　竹内悠「持続可能な宇宙活動の規範的展開」，第65回宇宙科学技術連合講演会講演集，2021年11月10日。
(28)　U.N. Doc. A/56/10 (2001), Supplement No. 10.
(29)　Cheng, *supra* note 13, pp. 632-634 参照。
(30)　Alain Pellet, "The Definition of Responsibility in International Law", in Crawford et al. (eds.), *supra* note 8, pp. 3-16；萬歳『前掲書（注26）』1-5頁参照。

これに対し，7条に規定された国際賠償責任は，危険な活動として宇宙活動から生じる越境損害に対しての賠償責任が規定された条文であり，6条の要件を満たさない場合でも事後統制を及ぼすことでその役割を果たしていると考えることができる。このように宇宙条約6条と7条に規定された責任はそれぞれに独立した役割を担っており，それらの効果を合わせることで事前統制機能と事後統制機能によって宇宙活動全体を規律する構造になっているといえる。

具体的な宇宙活動に基づく損害に対する国際責任の追及場面にあてはめると，①宇宙条約7条に基づいて打上げ国（共同打上げ国を含む。）を特定してそれらの国々に損害賠償責任（liability）を請求すること，②宇宙条約6条に基づいて自国の宇宙活動として国家が負う責任（responsibility）に基づく責任追及を行うことの2通りの方法が考えられ，特に打上げ国の特定が困難な場合には，②の追及が有効であるといえる。

このように国際宇宙法は事後統制機能から発展し，近年になって事前統制機能の充実が図られている経緯をたどっていると言える。したがって，具体的な商業宇宙活動に対する国際法の規律を検討する際には，当該活動に対する事後統制機能の状況を踏まえた後に，事前統制機能としての制約がどのように，どこまで充実してきているかを分析することにより，当該活動に対する国際法の規律がどのように，どの程度及んでいるかを把握することができるのである。具体的な活動に対する分析は第3章にて実施する。

第2節　調和した国内規則の作用

事前統制機能の主要な発展は国内法及び規則（以下「国内規則」と総称する。）が担うことは前節において述べたが，主要宇宙活動国の国内規則はさらに国際法の地平にも影響を与えうる存在になりつつある。すなわち，宇宙条約7条の損害賠償責任の判断における過失認定基準ないし宇宙条約6条の許可及び継続的監督に対する相当の注意義務の基準として作用する可能性が高く，これらの事実上の国際的な基準の淵源となりうるのである。

本節ではこれを論証するため，国家による許可及び継続的監督の実行の比較を通じて，商業宇宙活動に及んでいる事前統制機能の範囲を明らかにする。具体的には，宇宙活動先進国である米国，フランス，英国及び日本における宇宙活動に対する許認可の許可基準の内容と継続的監督の態様を比較し，それらの

第2章　商業宇宙活動を規律する国際法のメカニズム

共通点と相違点を抽出する。

　この4か国は，ロケットの打上げ及び人工衛星の運用や有人宇宙活動等のすべての分野における商業宇宙活動の実態を備え，これらに対する国内法制が最も進んでいると言えるため，取り上げることとした[31]。中国及びロシアについては同様に宇宙活動先進国と目されているものの，いずれも国自ら，または国営企業が宇宙活動の主体となっており，商業宇宙活動の実態とそれに対する法制が未成熟であり，国内規則の適用関係や例外適用の実態把握ができないことから本節での比較対象としなかった。

1　許認可の内容

　第一に4か国それぞれについて許認可の根拠としての現行法令を列挙し（①），当該法令が対象とする活動内容（②）と，許可申請を要求する主体を抽出し（③），許認可当局（④）とそこにおける技術審査の実施方法（⑤）を比較する。

(1)　日　本

　日本は，宇宙活動を開発から利用へ転換することを宣言した宇宙基本法[32]の制定を受けて，その35条を具現化する形で，2016年に「人工衛星等の打上げ及び人工衛星の管理に関する法律」[33]（以下「宇宙活動法」という。）を制定して許認可システムを導入した。その運用の詳細は政令及び関連のガイドラインとして定められている。なお，同年に成立した衛星リモセン法は，宇宙での活動ではなく，衛星リモセン装置が取得した情報の地上での流通を規制する法律であるため，本項では取り扱わない。

① 許認可の根拠
・宇宙活動法
・人工衛星等の打上げ及び人工衛星の管理に関する法律施行規則[34]
・人工衛星等の打上げ及び人工衛星の管理に関する法律に基づく審査基準・標準処理期間[35]（以下「宇宙活動法審査基準」という。）

---

(31)　小塚荘一郎・笹岡愛美編『世界の宇宙ビジネス法』（商事法務，2021年）第2章参照。
(32)　平成20（2008）年5月28日公布，法律第43号。
(33)　平成28（2016）年11月16日公布，法律第76号（以下「宇宙活動法」という。）。
(34)　平成29（2017）年11月15日公布，内閣府令第50号。
(35)　内閣府宇宙開発戦略推進事務局，令和元年8月1日，改訂第1版。

- 人工衛星等の打上げに係る許可に関するガイドライン[36]（以下「打上げ許可ガイドライン」という。）
- 人工衛星の打上げ用ロケットの型式認定に関するガイドライン[37]
- 打上げ施設の適合認定に関するガイドライン[38]
- 人工衛星の管理に係る許可に関するガイドライン[39]（以下「衛星管理許可ガイドライン」という。）
- 軌道上サービスを実施する人工衛星の管理に係る許可に関するガイドライン[40]（以下「軌道上サービスガイドライン」という。）
- 人工衛星等の打上げ及び人工衛星の管理に関する法律に基づく第三者損害賠償制度に関するガイドライン[41]

② 適用対象となる活動
- 打上げ（宇宙活動法第2章）

  ロケットの型式認定（同法13条〜15条），ロケットと打上げ施設との適合認定（同法16条〜18条）及びロケット機体の再突入（宇宙活動法審査基準別表「人工衛星等の打上げに係る許可」項目，「法第4条第1項」条項，「法第6条第3号」審査基準17）を含む。

- 人工衛星の管理（同法第3章）

  終了措置として再突入を含む（同法22条4号）。

③ 許可申請を要する主体

日本が管轄権を有する領域において，適用対象となる活動を実施するすべての主体（同法4条及び20条）

④ 許認可当局

内閣総理大臣（内閣府宇宙開発戦略推進事務局）（同法4条及び20条）

⑤ 技術審査の実施方法

許認可当局が直接実施する。

(2) 米　国

世界に先駆けて具体的な許認可システムを置いた米国は，1984年に商業宇

---

(36) 内閣府宇宙開発戦略推進事務局，令和元年9月14日，改訂第2版。
(37) 内閣府宇宙開発戦略推進事務局，令和元年9月14日，改訂第2版。
(38) 内閣府宇宙開発戦略推進事務局，令和元年9月14日，改訂第2版。
(39) 内閣府宇宙開発戦略推進事務局，令和元年9月14日，改訂第2版。
(40) 内閣府宇宙開発戦略推進事務局，令和3年11月10日，初版。
(41) 内閣府宇宙開発戦略推進事務局，令和元年5月31日，初版。

宙打上げ法[42]を制定してロケットの打上げに対する許認可システムを導入した。人工衛星の運用に対する直接の許認可システムは存在しないものの，1994年に連邦通信法に追加された宇宙通信に関する規則に基づいて，無線周波数の使用許可の形で許認可システムが導入され，2004年にこれにスペースデブリ抑制のための規制が追加されている。1992年に制定された陸域リモートセンシング政策法[43]は，リモセン衛星の運用に対する許認可システムを導入している[44]。

① 許認可の根拠
・商業宇宙打上げ法，商業宇宙輸送規則[45]
・1934年通信法[46]，連邦通信規則[47]
・陸域リモートセンシング政策法，民間リモートセンシングシステム許認可規則[48]

② 適用対象となる活動
・射場の運用，打上げ，再突入，再突入場の運用，実験的打上げ及び再使用サブオービタルロケットの再突入（14 CFR §413.1）
・宇宙空間と地上間でのエネルギー，通信又は信号の授受（47 CFR §25102）[49]
・米国内でリモセン活動を行う者又は米国籍者（51 USC §60121）

③ 許可申請を要する主体
・上記活動を米国領域内で実施する主体
・上記活動を米国領域外で実施する米国国籍者，米国法に基づいて設立された法人及び米国籍者が支配的利益を有する外国法人（14 CFR §413.3）

④ 許認可当局
・打上げ許可：運輸長官（連邦航空局（Federal Aviation Administration: FAA，以

---

(42) 51 United States Code (USC) §509: Commercial Space Launch Activities.
(43) 51 USC §601: Land Remote Sensing Policy.
(44) 小塚荘一郎・笹岡愛美「宇宙活動に関する米国の連邦法」小塚・笹岡編『前掲書（注21）』15-40頁参照。
(45) 14 Code of Federal Regulations (CFR) Ch. III.
(46) 47 USC 609: Communications Act of 1934.
(47) 47 CFR part 5, 25, 97.
(48) 15 CFR Part 960.
(49) なお，宇宙通信に対する規制はすべての国の電波法制に存在するが，米国においては同規制において宇宙局たる人工衛星の運用に対する規制を置いている点が特異であるため，特に取り上げている。電波法制が宇宙機の運用に関する規制を置いている国はほかにない。

下「FAA」という。））（51 USC §50903）
・電波利用許可（衛星運用許可）：連邦通信委員会（Federal Communication Commission: FCC，以下「FCC」という。）（47 USC §151）
・リモセン利用許可：商務長官（海洋大気庁（National Oceanic and Atmospheric Administration: NOAA，以下「NOAA」という。））（51 USC §601）

⑤ 技術審査の実施方法

許認可当局（FAA，FCC，NOAA）がそれぞれ直接実施する。

(3) フランス

欧州の宇宙へのアクセス手段の拠点として海外県ギアナ（Guyane française）に所在するギアナ宇宙センターの射場を運営するフランスは，商業打上げ需要の高まりを背景に2008年に宇宙活動法[50]を制定した。ロケット，衛星，リモセン規制等の宇宙活動に関する許認可システムの法的根拠を同法に一本化している点が特徴的である[51]。欧州域内の宇宙ベンチャーの台頭，再使用型ロケットの打ち上げ時期の到来，EUTELSAT社によるOneweb買収の動きなどを背景に2023～2024年にかけて法改正を行い，再使用ロケット，衛星コンステレーション，軌道上サービス及び衝突回避運用に関する技術規則を充実させた。

① 許認可の根拠
・フランス宇宙活動法
・宇宙活動政令[52]
・技術規則決定[53]

② 適用対象となる活動

打上げ，宇宙からの帰還及び軌道上の運用・管理（フランス宇宙活動法2条）

③ 許可申請を要する主体
・打上げ及び帰還をフランス領域内で実施する主体

---

(50) Loi n°2008-518 du 3 juin 2008 relative aux opérations spatiales（以下「フランス宇宙活動法」という。）．
(51) 木下圭晃・谷口富貴「フランス宇宙活動法」小塚・笹岡編『前掲書（注21）』，76-84頁参照．
(52) Décret n° 2009-643 du 9 juin 2009 relatif aux autorisations délivrées en application de la loi n° 2008-518 du 3 juin 2008 relative aux opérations spatiales.
(53) Arrêté du 28 juin 2024 modifiant l'arrêté du 31 mars 2011 relatif à la réglementation technique en application du décret n° 2009-643 du 9 juin 2009 relatif aux autorisations délivrées en application de la loi n° 2008-518 du 3 juin 2008 relative aux opérations spatiales.

・打上げ及び帰還をフランス領域外で実施するフランス国籍者及びフランス法人
・打上げ又は衛星運用を調達するフランス国籍者及びフランス法人（同法2条）
④　許認可当局

宇宙担当大臣（宇宙活動政令1条）

⑤　技術審査の実施方法

技術審査は国立宇宙研究センター（Centre national d'études spatiales: CNES，以下「CNES」という。）が実施する（フランス宇宙活動法28条，技術規則決定56条，研究法[54]L331-2条）。

(4)　英　国

英国は1971年に海外領土であったオーストラリアのウーメラ試験場からロケットの打ち上げに成功したが，その後自主開発を放棄し，現在は独自の打上げ能力を保有していない。1986年宇宙法は，英国籍者による海外での宇宙活動を規制してきたが，宇宙産業の発展を受けて英国領域内からの打上げ，運用を目指す政策転換を行い[55]，2018年に宇宙産業法[56]を制定した。これにより英国領域内の活動には2018年宇宙産業法が，英国領域外の英国籍者による活動には1986年宇宙法が適用されることとなった。なお，英国においては，衛星管理は具体的なミッションと使用される技術の多様性を理由に，許可のための具体的な基準は定めておらず，規制当局は免許条件と付随する行政指導を通じて軌道の安全性を規制する方針を示している[57]。この方式は，1986年宇宙法における許認可と同一のスキームであるとされ，柔軟性のあるものとしてパブリックコメントにおいて広い支持を得ている[58]。

①　許認可の根拠

---

(54)　Code de la recherche.
(55)　UK Government, "National Space Policy", 13 December 2015, available at https://www.gov.uk/government/publications/national-space-policy .
(56)　Space Industry Act 2018, 2018 CHAPTER 5.（以下「2018年宇宙産業法」という。）。
(57)　UK Civil Aviation Authority, et al.（eds.）, *Guidance for Orbital Operator licence applicants and Orbital Operator Licensees*, CAP 2210, 29 July 2021, pp. 13-18.
(58)　UK Space Agency, et al., *Unlocking Commercial Spaceflight for the UK, Space Industry Regulations Consultations: summary of views received and the Government's response*, 5 March 2021, available at https://assets.publishing.service.gov.uk/government/uploads/system/uploads/attachment_data/file/968535/Space-Industry-Regulations-Consultations-summary-of-views-and-government-response-accessible.pdf , para. 7.28.

第 3 部　商業宇宙活動に対する国際法の規律構造

・1986 年宇宙法
・2018 年宇宙産業法
・2021 年宇宙産業規則[59]
　② 適用対象となる活動
・宇宙活動（打上げ，打上げ調達，宇宙機又は宇宙機を輸送する航空機の地上への帰還，宇宙機の運用，宇宙空間での活動）
・サブオービタル活動（ロケットもしくは成層圏以上の空間で運用できる機体，乗員乗客を成層圏まで到達させることができる気球及びそのような宇宙機を運搬する航空機）及び付随する活動（2018 年宇宙産業法 1 条）
　③ 許可申請を要する主体
・英国領域内で対象活動を実施する主体（2018 年宇宙産業法 1 条）
・英国領域外で対象活動を実施する主体（1986 年宇宙法 1 条）
　④ 許認可当局
　民間航空局（Civil Aviation Authority: CAA，以下「CAA」という。）
　⑤ 技術審査の実施方法
　CAA が直接実施する。英国宇宙機関（UK Space Agency: UKSA，以下「UKSA」という。）が支援を提供する。
　(5) 比　較
　各国が対象としている活動及び許可申請を要求している主体について，表 4 にまとめた通り，自国の管轄権下の領域での活動を行う主体に対しては，4 か国とも規制対象としている。他方で領域外の自国民による活動については，日本を除く 3 か国が規制対象としている。また，技術審査を宇宙機関に明示的に委任しているのはフランスのみであり，米英はともに航空当局がこれを実施することとしている（ただし米国は一元化されていない。）。宇宙，航空のいずれの技術的背景も持たず，政府内の総合調整機能を担当している内閣府が主管している点は日本の特徴と言える。
　ここで注意を要するのは，領域外で活動する自国民に対してもいわゆる属人的管轄権を及ぼして許認可対象とする国が多数派であるところ，これらの国の許認可が一方的国内措置として，国際法の法源の一つである法の一般原則を形成し得るかという点である[60]。本節で比較している 4 か国の国内法制におい

---

[59] The Space Industry Regulations 2021, No.792 (2021).

ては，属人主義による許認可の適用はいずれも，他国の管轄権の及ばない領域や，許認可制度を持たない国での活動に限定していることから，法の欠缺を補充するために，実定法規の外にある衡平の実現を図ろうとしていると言える。

表4　許可申請主体と対象活動

	日本	米国	フランス	英国
許可申請主体				
①主権下の領域で活動する主体	○	○	○	○
②領域外で活動する自国民（法人を含む。）	×	○	○	○
対象活動				
①打上げ	○	○	○	○
②宇宙からの帰還	△（再突入のみ）	○	○	○
③打上げ，帰還場の運用	○	○	○	○
④軌道上の運用	○	○	○	○
⑤上記以外	なし	再使用サブオービタル機の再突入	なし	サブオービタル活動

このように，実効性と衡平性を欠く実定法規を補完する急迫の必要に基づいて，国内法令の執行によって国際社会の一般利益と公序の回復を目指す一方的国内措置は，その集積によって対抗力を得て，国際法における法源の地位の獲得を目指すものとされる。したがって，相手国（この場合は属人主義による許認可の管轄権を及ぼそうとする国の国民が活動しようとする国）や第三国がこれに対抗するためには，一方的国内措置が根拠とする急迫性や衡平の内容の正当性を争ってその対抗力の集積を阻止しなければならない。そして多くの場合，このような一方的国内措置は事実上の強圧のもとで相手国の抵抗を封じ込める形で実施されることから，その急迫性と衡平に対する正当性の合間を縫って，二国間合

---

(60) 山本草二『国際法（新版）』（有斐閣，1994年），64-65頁．

意等，通常の国際合意の形式に早急に切り替えることが必要である(61)。このように，許認可制度を持たない国が存在しているという法の欠缺状態は，その欠缺を補充する急迫の必要性に迫られた場合に，一方的国内措置を国際法の規則の一部にしようとする，実定国際法の枠組みを超えた急激な国際法形成へと傾く可能性のある不安定な状態である点に留意しなければならない。

2 許認可の基準

次に4か国における許認可基準の詳細を，打上げ許可基準，射場運用許可基準，衛星運用許可基準の3つの観点から分類して検討した。分類した結果については巻末の参考資料にまとめた。その結果，次のような共通点と相違点が見られる。ここにおける共通点が，国際的な調和が成立しつつあり，事前統制機能として機能し始めている規則群といえ，相違点が，いまだ調和にまで進んでおらず，事前統制機能としては十分には機能していない規則群ということができる。

共通して言えることは，いずれの国においても審査基準の中心として，宇宙活動の安全確保に力点が置かれていることである。打上げにおける射場周辺及び飛行経路周辺の公衆の安全，打上げに際しての投入軌道上の他の宇宙物体や軌道上運用での運用軌道における他の宇宙物体，特に有人宇宙物体への安全を確保するための規則に注力している。したがって，安全に宇宙活動を実施するための規則群は，すでに事前統制機能として国内規則のレベルで作用し，国際社会においても国内規則の調和を通じて事実上の共通規範を形成し始めていると言って過言ではない。この内容を詳細に見ていくと，共通して見られるのは次の4点である。

第一に，打上げ時及び再突入時（ロケット，衛星ともに）の地上への影響については傷害予測数（EC）によって規制されていることがわかる。この点における4か国の基準は内閣府が，国際的に広く採用されているリスク評価として，打上げ許可ガイドライン別紙に「傷害予測数（Ec）基準比較表[62]」としてまとめているが，採用している数値基準についても実態上は意図的に横並

---

(61) 山本草二「一方的国内措置の国際法形成機能」山本草二（兼原敦子・森田章夫編）『国際行政法の存立基盤』（有斐閣，2016年）156-187頁。

(62) 打上げ許可ガイドライン別紙「傷害予測数計算条件及び方法（ロケット）」令和元年9月14日（改訂第1版）（2019年）3頁。

びを意識した規制値を用いていることが伺え，1×10^{-4}が現在の国際的な共通規範と言っても過言ではない。

　第二に，投入軌道上の他の物体への影響については，有人物体との衝突回避の要求は4か国共通に導入されており，無人物体との衝突回避については表現上の差異はあるものの他の衛星の運用に有害な影響を及ぼさないように要求している点でほぼ共通している。軌道上に達するロケットの構成部分及び人工衛星について，設計，運用の両面を用いてスペースデブリ低減措置を課している点も共通にみられる。

　第三に，人工衛星運用時にはSSAデータを共有し，接近解析情報に基づいて，衝突回避措置を講じながら運用することを求めている点，運用終了後に圧力容器の減圧等の安全化措置及び他の人工衛星の運用へ悪影響を及ぼさない軌道への移動や大気圏再突入等の終了措置を課している点並びにその成功確率に数値規制を要求している点も共通している。ただし，成功確率の具体的な数値は未だ各国によって異なる（後述。なお，英国の軌道上運用許可には具体的基準がないため，この基準は見られない。）。

　第四に，人工衛星を投入する軌道の計画や大きく軌道変更を行う計画等について国際社会へ事前の情報公開を求めている点も共通しており，これに加えて他の衛星運用に悪影響を与えるリスクの高い事象が想定外に発生した場合については他の運用者との調整を求めている点も許可基準に共通にみられる（英国の軌道上運用許可には具体的基準がないため，この基準も見られない。）。

　これに対して主な相違点として，次の3つのものが見られる。

　第一に，運用終了措置の成功確率について0.9以上を要求するという基準を米国とフランスが制定している。この点は日本においてはまだ規則化されておらず，英国は数値基準を公表していないため，国際的な共通規範と言うのは早計といえる。また米国では，複数の衛星によって構成される場合には全体システムにおける成功確率が0.99以上となることを，フランスは0.95以上となることを要請しており，衛星コンステレーションを想定した規定を置いている点も特徴的である。

　第二に，ロケットの固体推進剤について最大寸法1mm以上の燃焼屑の発生を規制するのはフランスのみである。

　第三に，スペースデブリを含む他の宇宙物体との衝突確率を0.001以下とすることを要求しているのは米国のみである。

これらは事前統制機能の萌芽ではあるものの，各国に共通する基準とはなっていないため，事実上の国際的な共通規範とまでは言えず，事前統制機能としての機能は十分ではない。今後，国内規則の調和が進めばその機能として強化されてくるが，現時点では国によって規則化するべきかの議論が続いている状況が伺える。

3 第三者損害賠償責任制度

最後に，事後統制機能と事前統制機能の結節点となる第三者損害賠償責任制度について比較する。国際責任としての賠償責任は国家にとっての事後統制機能として働くが，この効果として，国家がその責任の範囲を予め明確にしようとして設定する，商業宇宙活動主体の義務として要求する第三者損害賠償担保措置は，商業宇宙活動にとっては事前統制機能として作用することになる。すなわち，商業宇宙活動にとっては第三者損害賠償担保措置なしには許可を取得できないため，当該措置を施したうえで活動を開始することになり，宇宙活動に対するリスクとしては事前に担保された状態が確保できる。その意味で，国際法による事後統制機能の効果が事前統制として表出したものといえる。

(1) 日　本

① ロケット

打上げ事業者が，打上げに係る賠償措置額[63]に相当する第三者損害賠償責任保険の調達又は同金額以上の供託を行った場合，ロケット落下等損害賠償補償契約を政府と締結することで，当該措置額を上回る損害であって，3,500億円を限度とする損害は政府が補償する（宇宙活動法9条）。

---

[63] 「人工衛星等の打上げ及び人工衛星の管理に関する法律施行規則第九条の二第一項の規定に基づき，内閣総理大臣が定める金額を定める件」，内閣府告示第121号，2021年。H-IIA202型については60億円，同204型については84億円，イプシロンロケットについては30億円，H3-30型については69億円，H3-22型については99億円，H3-24型については135億円，カイロスロケット（キヤノン電子社，IHIエアロスペース社，清水建設社等の合弁によって設立されたスペースワン株式会社が和歌山県紀伊半島に建設したスペースポート紀伊から打ち上げる小型ロケットで，2024年から打ち上げられている。）については24億円と改められた。なお，1983年から同告示施行前までは，一律に200億円と定められていた（小塚荘一郎・佐藤雅彦編著『宇宙ビジネスのための宇宙法入門（第3版）』（有斐閣，2024年））164-165頁。なお，法定の強制保険は1998年の宇宙開発事業団法改正によって導入された。1983年から98年までの間は，行政指導によって事実上の強制保険と同等の運用が行われていた。）。

② 軌道上運用

人工衛星による地上損害については人工衛星管理者の無過失責任が規定されているが（宇宙活動法53条），軌道上運用に対する第三者損害賠償責任制度について，議論はされているものの，軌道上損害に対するリスク認識のばらつきなどから事業者の選好に一定の傾向がみられないことから時期尚早として創設には至っていない[64]。

(2) 米　国

① ロケット

打上げ事業者は地上損害に対する第三者損害賠償として5億（インフレ換算で2024年10月現在約6.5億ドル[65]）ドルまたは最大蓋然損害（MPL）のどちらか低い額，連邦政府からの損害賠償として1億ドル又はMPLのどちらか低い額を上限とする賠償担保措置額の準備が義務付けられており[66]，これを超える損害については15億ドル（インフレ換算で現在約20億ドル）を上限に政府が補償することとしている（51 USC §50914, 50915; 14 CFR §440.7, 440.9, 440.17.）[67]。

② 軌道上運用

軌道上運用に対する第三者損害賠償責任制度については明確な規定はない。

(3) フランス

① ロケット

打上げ事業者は打上げに係る地上損害について，5,000〜7,000万ユーロの範囲で許可発出時に指定される限度額までの責任を負い，この範囲を上回る損害については国が補償する[68]。また，打上げ段階を終えてから1年間で打上

---

[64]　「人工衛星の軌道上での第三者損害に対する政府補償の在り方（中間整理）」，宇宙政策委員会宇宙法制小委員会，2018年12月20日。
[65]　United States Department of Labor, "CPI Inflation Calculator", <https://www.bls.gov/data/inflation_calculator.htm> を用いて算出。以下同じ。
[66]　これまでの許可において算出された MPL は公開されている（Office of Commercial Space Transportation, FAA, "Financial Responsibility Requirements as Determined by the Maximum Probable Loss (MPL) Process", 25 November 2016, <https://www.faa.gov/sites/faa.gov/files/space/licenses/financial_responsibility/MPL_November_2016_508.pdf>）。
[67]　なお政府補償は時限的措置を延長する仕組みをとっており，立法の遅れから2013年に13日程度（Public Law 112-273 (14 January 2013)），2014年に16日程度（Public Law 113-76 (17 January 2014)）の空白期間が生じたことがある。現行法は2025年9月30日まで有効とされている（Public Law 114-90 (25 November 2015)）。
[68]　フランス宇宙活動法17条，2008年財政法（LOI n° 2008-1443 du 30 décembre 2008

げ事業者の責任を終了させ，それ以降の責任を国が引き受ける[69]。
② 軌道上運用
軌道上運用に対する第三者損害賠償責任制度については明確な規定はない。

(4) 英　国
① ロケット
打上げ許可ごとに許可条件として事業者責任の限度額を規定しなければならない（2021年宇宙産業規則220条）。責任限度額を上回る損害については政府の補償義務が生じる（2021年宇宙産業規則221条）。ここでいう限度額は個別許可ごとに検討されるが，これまでの1986年宇宙法に基づく適用例を踏襲すれば標準的なミッションでは6,000万ポンドとなり，2018年宇宙産業法に基づく許可に対してもこれを維持すべきという議論がされている[70]。

② 軌道上運用
宇宙機による損害については運用者に対して無過失責任が規定されている（2018年宇宙産業法34条5項）。打上げに対する第三者損害賠償責任の事業者限度額については政府部内で継続検討中だが，軌道上運用については1986年宇宙法の基準を維持する方針が示されており[71]，責任限度額は6,000万ポンドとなる見通しである。

4　国際的なガイドライン等の位置づけ

本節では，国内規則の調和によって事実上の国際的に共通の基準が発展している様子を見てきたが，一方で国連等において採択されてきた国際的なガイドラインはどのような位置づけと考えるべきか。国際社会においても宇宙諸条約の実効性を高めるためにそれらの義務を国内法制に反映させる取り組みがなされ，2013年に国連総会で「宇宙活動のための国内立法国連勧告」が採択された。この国連勧告の概要は表5の通りに表すことができる。同勧告の審議プロセスでは主要国での国内実行が参照すべき情報として多数共有され，その共通項

---

　　 de finances rectificative pour 2008 (1)）119条。
(69)　フランス宇宙活動法13条。
(70)　UK Space Agency, et al., *Unlocking Commercial Spaceflight for the UK, Consultation on draft insurance and liabilities requirements to implement the Space Industry Act 2018*, 10 November 2020, <https://www.gov.uk/government/consultations/commercial-spaceflight-insurance-and-liabilities-requirements>.
(71)　*Ibid*. at, p. 21.

第 2 章　商業宇宙活動を規律する国際法のメカニズム

を集約する議論がなされた[72]。結果として主要国の実行の共通項が，いまだ許認可システムを持っていない国々に導入すべき枠組みとして勧告された形となりその内容は前 3 項で検討した主要国の国内規則の共通項を中心とした内容を反映したものとなった。国際場裏での議論は途上国に対する能力開発も踏まえた議論に傾倒しがちで，基準そのものの内容に対する議論に発展しにくいことが背景にあると考えられる。

表 5　国内立法国連勧告の概要

対象活動	許可申請主体	規制枠組み
-打上げ -帰還 -射場及び帰還場の運営 -軌道上の運用	-国家の管轄，管理下の領域 -国籍者（法人を含む。）によって実施された活動	許可付与，改訂，許可保留及び取消の条件と手続きが明確化された国内立法枠組みの創設

　以上のことから，国際場裏で議論されている規範は実際の宇宙活動で利用されている規範よりも上位の概念に留まっているとみる必要があり，宇宙活動国の国内基準を集合的に分析する方が，宇宙活動において実体的に適用されている基準の理解に適している。「宇宙活動のための国内立法国連勧告」のような国際的なガイドライン等は実体的に運用に適用されている基準ではなく，それらを抽象化，一般化したものに過ぎない。したがって，賠償責任の過失認定や担当の注意義務の判断においては，具体的事実を当てはめても結論を導き出すことができず，過失認定の基準として用いるには不十分と言わざるを得ないのである。他方で，主要国が共通して採用している許認可の基準には，（成立経緯は逆転しているが）実際の運用に用いている詳細な基準を見出すことができるため，過失認定や相当の注意義務の判断基準として用いることが可能となる。すなわち，各国がこれらの基準と同水準の基準を置かず，それを自国の商業宇宙活動へ適用しなかったことによって他国の宇宙活動に損害を与えた場合，当該国の不十分な規制措置が，打上げ国の過失として認定されて宇宙損害責任条約 3 条に基づく賠償責任が追及されることになる。あるいは，これらの実質

---

(72)　U.N. Doc. A/AC.105/C.2/2012/LEG/L.1, 28 March 2012; U.N. Doc. A/AC.105/C.2/2014/CRP.5, 17 March 2014 参照。

的な国際基準と同水準で許認可を行っていなかったことをもって，相当の注意を欠いたとして宇宙条約6条の違反を構成することになる。さらには，他国の宇宙活動に有害な干渉を及ぼす恐れに対する妥当な考慮を欠いたとして同条約9条の違反を構成し，国際責任が直接追及されることにもなりうる。

　この点，相当の注意及び妥当な考慮の適用基準をどのように見出すかについては，分野ごとの具体的な基準に依拠することが通例となっている[73]。したがって，宇宙活動におけるこれらの基準は，本節にて示した通り，国内規則の調和の中で発展し，個別ケースにおいて国際法上の具体的な判断基準として表出してくることになる。他の分野においてはこの国際法上の判断基準は国際文書に求められ，国際場裏でそれに耐えうる程度の具体的な議論が展開されてきた。例えば南極海捕鯨事件では，日本の調査捕鯨計画が国際捕鯨委員会（IWC）勧告に妥当な考慮を払ったものであったかが争点となったが，前提として，IWC勧告として非致死的手段による調査捕鯨が要請されており，致死的手段を用いる特別許可を要請する日本の計画の合理的妥当性もIWCで審査されている[74]。すなわち，基準そのものもその基準に対する具体的な議論もIWCにおいて行われており，その結果に対して国際司法裁判所への提訴という形で司法判断が求められている。だが，宇宙活動においては，国際的なガイドライン等の抽象的な規定内容は，主要国に共通する規則の内容と比して具体性の面で相当の乖離があり，また具体的な活動に対するそれらの基準の当てはめに関する議論も国際場裏では行われていないのが実態である。したがって，過失基準をめぐる紛争が国際法廷に持ち込まれた場合には，南極海捕鯨事件の際に参照されたIWC勧告と同様の考え方では国際的なガイドライン等を参照することができず，一般的に行われている宇宙活動において参照されている基準，すなわち主要国の国内規則に共通する基準に，その根拠を求めざるを得ないことになる。

　すなわち，国際場裏には表出しない水面下において静かに進行している主要

---

(73) Award in the Arbitration regarding the Chagos Marine Protected Area between Mauritius and United Kingdom of Great Britain and *Northern Irelanel, Reponts of International Arbitral Awards,* Vol.31, pp.359-606, esp. pp.571-572, (Permanent Court of Arbitration, 18 March 2015). ILC, "Draft Articles on Prevention of Transboundary Harm from Hazardous Activities", Commentary to art.3.

(74) *Case Concerning Whaling in the Antarctic (Australia v. Japan: New Zealand intervening), Judgment, I.C.J. Reports 2014.*

第 2 章　商業宇宙活動を規律する国際法のメカニズム

国の国内規則に共通する基準の調和が，具体的なケースにおいて国際法廷に表出した時に，初めて国際法上の基準を判断する重要な要素として表出する可能性がある。もちろん国際裁判における個別ケースの判断に先例拘束性はないが(75)，国際法廷が判断する宇宙活動に関する事件が極めて稀であった歴史とも相まって，注目度の高い法廷における判断となることが想定され，少なくとも実務においては事実上の国際的な基準として機能し，宇宙活動において参照される基準となるであろうことは容易に推測できる。

他方で，この主要国の国内規則に共通する基準が，慣習国際法として機能する余地があるかについては，別の問題として検討する必要がある。事実上の国際的な基準として作用したとしても，法的性質としては各国国内法に基づく国内的な措置に過ぎず，当該国内では法的拘束力を有していることは当然としても，国際法上はまさに国家実行の一部に過ぎない。すなわち，現時点では慣習国際法認定に必要な国際法上の法的確信の証拠が見当たらないことになり，その道程は相当に遠いと言わざるを得ない。むしろ今後の国際裁判例において判断基準が集積し，事実上の基準形成が進むことにより，各国が国内においてこれに準拠した国内規則を発展させていくことにより，商業宇宙活動に対する事実上の規範形成が進むことになり，この現象こそが，国際法が予定していた事前統制機能の実現になるというべきである。

それでは国際的なガイドライン等は無意味なのか。本節の最後に国際的なガイドライン等は，商業宇宙活動に対する規律とは別の機能を有していることを明らかにしておきたい。

国際宇宙法の法源は，1967 年に発効した宇宙条約をはじめとする国連宇宙諸条約であるが，これら 5 つの条約が 60 年にもわたって一度も改正されていないにもかかわらず，宇宙活動の態様は大きく変わってきているため，国際社会は非拘束的文書によってそのギャップを埋める努力をしてきたと言える。もちろん，非拘束的文書は国際法の法源を埋めるほどの力は持っていないため，国際法の法源が拡大されているわけではないが，それらが表現してきた活動準則のいくつかは，いわゆるソフトローとして，規範と呼べるほどに国際社会に受け入れられてきている(76)。その最も法規範に近いと言えるものが，「スペー

---

(75)　国際司法裁判所規程（署名開放 1945 年 6 月 26 日，効力発生 1945 年 10 月 24 日。日本に対しては，1954 年 4 月 2 日受諾，効力発生）59 条．

スデブリ発生防止」の規範であり，最先端に位置しているものが「持続可能な宇宙活動」の規範である。前者は1990年代に国際社会に認識され，2007年に国連総会決議にて「COPUOSスペースデブリ低減ガイドライン」（以下「国連COPUOSデブリ低減ガイドライン」という。）[77]がエンドースされて以降，各国の国内法体系の中で重要視されてきた。2009年にフランスが宇宙活動法に基づく技術基準規則において，スペースデブリ発生防止措置を義務付けたことを契機として，各国でも法的義務として許認可基準に規定することが増加した。現在では，日米英でも国内規則として導入されているのは本章でみたとおりである。この例に見られるように，国際社会においては非拘束的文書によって作成されてきた規則が，国内法において徐々に法的義務として取り込まれてくることによって実効性が担保されてきており，それはスペースデブリ発生防止の概念をより拡充したものである「持続可能な宇宙活動」の規範へとつながっていると言える。

　持続可能な宇宙活動の規範は，「持続可能な開発」概念とパラレルに発展してきたが，その概念的な相互関係は必ずしも明らかではない[78]。2015年頃から急速に発展して今や各国の宇宙政策にも取り込まれた宇宙交通管理（Space Traffic Management: STM）は，持続可能な宇宙活動の規範を実現するための重要な構成要素として国内法において徐々に規則化が進行している。日本では，軌道上サービスガイドラインを2021年に策定し，軌道上での他の宇宙物体へ接近，ドッキングして実施する活動を行う際に必要な基準を策定した[79]。これは宇宙活動法に基づく人工衛星管理許可の許可基準として適用されるものとなり，国際的な規範に先駆けて国内規則として成立している一例といえる。相互の影響を定量的に図ることは困難だが，フランス技術規則決定の2024年改

---

(76)　Steven Freeland, "The Role of 'Soft Law' in Public International Law and its Relevance to the International Legal Regulation of Outer Space" in Irmgard Marboe, *Soft Law in Outer Space* (Heribert, 2012), pp. 9-30. また，同書のPart IIにおいて13名の著者が宇宙活動に関連する個別のソフトローが規範的に作用していることを分析している。

(77)　U.N. Doc. A/62/20 (2007), Annex.

(78)　Yu Takeuchi, "Space Traffic Management as a Guiding Principle of the International Regime of Sustainable Space Activities", *Journal of East Asia and International Law*, Vol. 4 No. 2, (2011), p. 319.

(79)　菊地耕一「軌道上サービスの規範とルール ── 宇宙活動法申請ガイドラインの概要」，2021年度第1回宇宙法ミニセミナー，2021年12月14日，<https://space-law.keio.ac.jp/pdf/symposium/symposium_20211214.pdf>。

正では、軌道上サービスを実施する際の規定が20か条追加されている。また、米国では2022年に高度2,000km以下の低軌道で運用する人工衛星は運用終了から5年以内に大気圏に再突入させて軌道から離脱させる規則を策定した[80]。これは、国連COPUOSデブリ低減ガイドラインが25年以内とするものより大幅に短期間での離脱を要求するもので、日本の軌道上サービスガイドラインと同様に国際的な規範に先行した国内規則の一例といえる。持続可能な宇宙活動の必要性は、2000年代前半に複数の国際的イニシアチブとして立ち上げられたが、そのうちのCOPUOSにおいて議論された「宇宙活動の持続可能性(long-term sustainability of outer space activities: LTS)」議題において2019年に「宇宙活動の長期持続可能性ガイドライン（以下「LTSガイドライン」という。）」[81]がCOPUOSで採択され国連総会でエンドースされるに至り、LTSガイドラインが国際イニシアチブの中核と目されることとなった。このガイドラインが他のイニチアチブに先駆けて採択されたことにより、国際社会は「持続可能な宇宙活動」の規範を認識するに至ったと見ることができる[82]。

このように国際社会において発展する規範は、国内規則に取り込まれてそれらがさらに各国国内規則の調和という形で表出するといった相互作用によって、宇宙活動を規律している。すなわち、国内規則の発展は商業宇宙活動に対する規律の内容を深化させている一方で、国際的なガイドライン等の発展はその規律の範囲を変化させていると言える。このように宇宙条約が確立した宇宙活動自由の範囲も、時代に応じて変化していると捉えることができる。

第3節　事後統制機能と事前統制機能の相互作用

これまでに明らかにしたとおり、宇宙条約6条は宇宙活動全体を国家の許可及び継続的監督による事前統制機能に服させ、その結果として生じる国際違法行為については一般国際法上の国際責任を国家に負わせることで事後統制機能を及ぼしていると考えられる。そして、違法性が問えない場合においても、危険活動から生じる損害については、宇宙条約7条及び宇宙損害責任条約に

---

(80) FCC, "Second Report and Order", 30 September 2022, FCC 22-74.
(81) *Guidelines for the long-term sustainability of outer space activities*, U.N. Doc. A/74/20, (2019), Annex II.
(82) 竹内「前掲論文（注27）」。

基づく国際賠償責任を課すことで，事後統制機能を補強していると見ることができる。この両機能は次の2つの観点から，相互に影響しながら宇宙活動を規律していると言える。

　第一に，宇宙条約6条が要請する国内宇宙活動に対する許可及び継続的監督をどのように設定するかは各国の裁量に委ねられているものの，その許可・監督が適切に履行されていない場合には同条の義務違反に基づいて他国から国際責任が追及される用意があることで，宇宙活動全体に対する事前統制機能が確保されている。これは国際法の事後統制機能が，国家にとって事前統制機能を用意する動機付けとなっている点で，事後統制機能によって事前統制機能が発達するという相互作用ととらえることができる。

　第二に，事後統制機能の要件の成立に事前統制機能の内容が不可欠になりつつある点が挙げられる。国家の国際責任を追及しようとする場合，宇宙条約6条に基づく許可及び継続的監督の義務違反または宇宙条約9条に基づく防止義務違反を根拠とすることが考えられる。前者の場合には，許可及び継続的監督の内容が「相当の注意（due diligence）」の範囲内であったか，後者においては宇宙条約9条が規定する他国の宇宙活動に対する「妥当な考慮（due regard）」が十分であったかが論点となる[83]。国際賠償責任を追及する場合にも，宇宙損害責任条約3条の過失を認定する場面において「相当の注意」が払われていたかを検討することになる[84]。「相当の注意」は，国際社会の共通利益を保護するために行政及び規制を行使することを国家に要請する基準であり，「妥当な考慮」は，規制や行政活動の結果が他国に及ぼす影響について特に注意を払うよう国家に要請する基準とされる[85]。両者に明確な理論的違いがあるか否かについては依然として曖昧だが，その判断基準としてはいずれにおいても，適当なすべての措置が取られていたかが基準となる点で共通している[86]。

---

(83) Andrea J. Harrington, "Framework for Reasonable Safety Zone Using the Due Regard Principle", paper presented at 73rd International Astronautical Congress, 22 September 2022 [unpublished, file on author], pp. 2-6.
(84) Robert Kolb, *The International Law of State Responsibility* (Edward Elgar, 2017), pp. 64-65; Ram S. Jakhu and Joseph N. Pelton (eds.), *Global Space Governance: An International Study* (Springer, 2017), pp. 346-347；樋口恵佳「国際法上の『相当の注意（due diligence）』概念 ── その形成・発展とその問題性」（東北大学博士学位請求論文，2016年）。
(85) Caroline E. Foster, "Why Due Regard is More Appropriate than Proportionality Testing in International Investment Law", *The Journal of World Investment & Trade*, Vol. 23, (2022), p. 389.

第 2 章　商業宇宙活動を規律する国際法のメカニズム

その基準は，現実的に不可能な措置までは要求されず，国内立法又は計画の許認可プロセスにおいて個別具体的に判断されるものの，国家はその基準達成のための適切な国内システムの構築が求められる[87]。したがって，当該国内措置として適当であるかの判断基準は，類似の活動が一般的にどのような水準で実施されているかという比較対象に求められる。宇宙活動においては前節で検討したように主要な宇宙活動国に共通する国内規則が，一般的に商業宇宙活動を行うにあたって参照されるべき水準の指標として活用され，国家の許可・監督として取られる適当な措置の基準として考慮されると考えるのが妥当である。したがって，責任追及の場面で参照される基準としては，主要国の許認可基準のうち，共通して適用されている基準が，これらの事前統制機能として運用され，事後統制機能である国際責任ないしは国際賠償責任の要件の判断基準となるのである。ここに，主要国の許認可基準の共通項が国際法の事後統制機能においても意味を持つことになるという相互作用を見ることができる[88]。

以上をまとめた結果，国際法の事後統制機能と事前統制機能によって規律された商業宇宙活動に対する制約が現在どのような姿になっているかを図 4 に概念図として示すことを試みた。図 4 では，典型的な宇宙機の運用を左から右へ時系列に並べ，運用のフェーズ毎の活動に対する規律の要素を①から⑤のとおり箇条書きで書き出している。これらの要素については国内においては JAXA が制定している共通技術文書[89]，国際的には ISO 標準や IADC ガイドライン等の技術基準においてその必要性が認識されているものを抽出した。そ

---

(86) Caroline E. Foster, *Global Regulatory Standards in Environmental and Health Disputes* (Oxford University Press, 2021), p. 99-104.
(87) *Case Concerning Pulp Mills on the River Uruguay (Argentina v. Uruguay), Judgment, I.C.J. Reports 2010*, para 101; Kolb, *supra* note 84, p. 65.
(88) この水準を国際的なガイドラインに求め，これらのいわゆる国際的なソフトローに対して一定の法的意義を見出そうとする試みが一般的に見られるが（例えば Irmgard Marboe "The Importance of Guidelines and Codes of Conduct for Liability of States and Private Actors" in Marboe, *supra* note 76, pp. 119-144），判断対象となる措置は国家の許認可行為そのもの，あるいは許認可に基づいて実施された宇宙活動であり，それらは国内法に基づいて判断されていることを想起する必要がある。国際的なガイドラインの作成場面においても，国家活動そのものを規律しようとするガイドラインと異なり，宇宙活動に関する国際的なガイドラインは，国家による許可及び継続的監督の態様に影響を与えることで主として民間の宇宙活動に規律を及ぼすことを目的とし，既に存在している主要国の許認可基準や活動実態を反映して作成されている。よって，国際的なガイドラインの作成に先行して主要国の許認可基準が運用されていることが多い。
(89) 宇宙航空研究開発機構共通技術文書，<https://sma.jaxa.jp/TechDoc/>.

れらの中からLTSガイドラインのような国際的なガイドラインや前節で検討した国内規則に表出しているものもある。しかし，これらの文書間では，義務の程度や名宛人，保護法益などが異なるため，本図ではそれらが対象とする要素のみを抽出して表現した。これらの要素と重ね合わせる形で，事後統制機能と事前統制機能がどのように及んでいるかを模式的に示した。これにより，宇宙活動のどのフェーズの，どのような要素に対して，どのような事後統制機能や事前統制機能が作用しているかを視覚的に把握できるようになる。例えば，打上げのフェーズ（③）においては，ロケットの飛行安全，ロケットの再突入安全，残存物による軌道上安全が主として規律されるべき要素であるが，これらに対して，事後統制機能としては打上げ第三者損害賠償責任法制と許認可違反に対する罰則が，事前統制機能としては打上げ許可が及んでいることがわかる。

　図4による視覚的理解は，次の三点を明らかにしたと言えよう。

　第一に，事後統制機能と事前統制機能は，何らかの法令や技術基準等によって一律に表出するわけではなく，いわばモザイク状に表出するということである。これは各文書の目的や役割が異なることからの当然の帰結とも言えるが，

図4　宇宙活動の各フェーズにおいて必要な規律要素と事後統制及び事前統制の関係

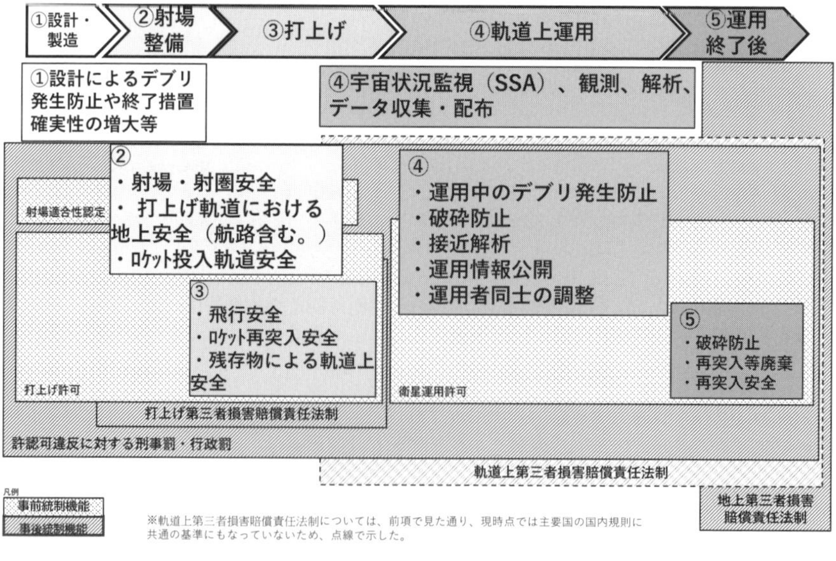

①設計・製造	②射場整備	③打上げ	④軌道上運用	⑤運用終了後
①設計によるデブリ発生防止や終了措置確実性の増大等			④宇宙状況監視（SSA）、観測、解析、データ収集・配布	
	射場適合性認定	②・射場・射圏安全・打上げ軌道における地上安全（航路含む。）・ロケット投入軌道安全	④・運用中のデブリ発生防止・破砕防止・接近解析・運用情報公開・運用者同士の調整	
		③・飛行安全・ロケット再突入安全・残存物による軌道上安全	衛星運用許可	⑤・破砕防止・再突入等廃棄・再突入安全
		打上げ許可		
		打上げ第三者損害賠償責任法制		
		許認可違反に対する刑事罰・行政罰		
			軌道上第三者損害賠償責任法制	
				地上第三者損害賠償責任法制

凡例
事前統制機能
事後統制機能

※軌道上第三者損害賠償責任法制については，前項で見た通り，現時点では主要国の国内規則に共通の基準にもなっていないため，点線で示した。

実態的には各規則の中に事後統制と事前統制の要素が混在していることになるため，その位置づけを意識しながら議論することで国際法の規律目的からの演繹が可能になる。

　第二に，宇宙機の性能を発揮する上での根幹となる設計・製造フェーズや軌道上運用において不可欠なSSA活動に対しては何らの規律も及んでいない点である。もちろん打上げや軌道上運用，運用終了後措置に対する規律から帰納的に設計・製造フェーズやSSA活動へ要求がなされているのが実態だが，これらの活動そのものを対象とすることによる，より効率的な規律方法も検討に値すると言えよう。特にSSA活動については次章第2節にて詳述する。

　第三に，宇宙機の運用に沿って規律を俯瞰して見ると，安全に対する担保措置が主眼となっている点が浮き彫りになる。打上げフェーズにおいては地上または空域を飛行する第三者に対する安全，軌道上運用フェーズにおいては他の宇宙機に対する安全，運用終了後においては他の宇宙機及び再突入に当たっての地上または空域を飛行する第三者に対する安全を目的とした要素に収斂している。国際法による宇宙活動に対する規律は，第三者に対する安全措置が主たる保護法益であると言っても過言ではないほどである。

　なお，本図を作成する過程で，法令と技術基準が密接不可分の関係に入っていることに気が付いた。法令が法的義務の枠組みを定め，技術基準がその技術的細部を埋めるという一般的な棲み分けは，宇宙活動においてはしだいにその輪郭があいまいになっており，本図のすべての要素において，法令と技術基準の混在が見られた。加えて，すべての文書が商業宇宙活動や技術の進展に伴って早いスピードで変化していることから，技術基準はもとより法令も高度の適応力を求められており，規制当局と運用者がともに宇宙活動の実態に対する高度な理解力と，対応能力が求められているといえる[90]。

---

(90)　竹内，「前掲論文（注27）」。

第3部　商業宇宙活動に対する国際法の規律構造

第3章　国際法の規律構造からみた商業宇宙活動における課題

　前章において国際法が事後統制機能と事前統制機能の両面から商業宇宙活動を規律するメカニズムを明らかにした。そこで本章では，この分析枠組みを用いて，第1部及び第2部で概観した具体的な商業宇宙活動において，事後統制機能と事前統制機能が具体的にどのように作用しているかを改めて検証する。

第1節　ISS を用いた商業宇宙活動に対する作用

1　ISS からの人工衛星等の放出における事後統制と事前統制

　ISS からの衛星放出活動に対する事後統制機能としては，損害発生時の責任の所在が明確になっていることで，責任分担が衡平にできているか，また，被害者救済が十分担保できる体制になっているかがポイントとなる。大多数のISS からの放出衛星に対しては，運用国が宇宙物体登録をし，自らの管轄権及び管理の権限を宣言しており，運用国が打上げ国の一角を占めることが趨勢であることは間違いない。したがって，放出機構を運用する国，放出機構またはそれが接続するモジュールの登録国が共同打上げ国とみなされるかに論点は集約される。

　第一に，被害者救済という宇宙損害責任条約の趣旨からすれば，一義的責任がほぼ登録国たる衛星運用国に決していれば，連帯責任についてはその有無も含めて内部関係での処理に落とし込むことが可能であり，国際公法秩序の観点からは主要な問題は解決していると見ることができる。加えて，被害者の立場に立てば，共同打上げ国すべてを被告として損害賠償請求を提起することで足りるので（宇宙損害責任条約4条2項），内部関係の未整理や未登録が直ちに被害者救済に影響を与えるものではない。したがって，被害者たる第三国との関係では，責任分担は明確になっているといえる。

　第二に，連帯して責任を負う加害国同士の内部関係をどこまで明確化しておくかという課題がある。この点，損害発生を見越して責任関係を事前に整理しておくことが望ましいものの，責任分担の態様は個別具体的なケースによって異なることが想定され，すべての場合において事前の整理が合理的とまでは言

第 3 章　国際法の規律構造からみた商業宇宙活動における課題

えない。例えば，日本の小型衛星放出機構 J-SSOD による放出であっても，宇宙飛行士が ISS から放出信号を発信して放出する場合と，地上から同信号を発出して放出する場合が存在し，前者の場合には当該宇宙飛行士の国籍国が共同打上げ国に含まれ得るかという論点が加わる。宇宙飛行士がロボットアームの操作のみを担当して放出機構からの放出信号は地上から操作した場合などもあり得る。また，ISS の運用は利用権の配分に応じて各極に割り振られた範囲で行われており，放出運用に際しても当該利用権の範囲で実施されているものだが，実際に運用を行う宇宙飛行士の国籍や装置とは連動していない。すわなち，あくまで日本に割り当てられた利用権を用いた運用である J-SSOD の放出作業を，米国や欧州，カナダ国籍の宇宙飛行士が行うこともある。加えて，放出に至るまでの運用においては貨物として輸送されてきた衛星を放出機構に搭載し，エアロックに設置して船外へ引き出す作業があり，これらは複数の宇宙飛行士の手によって実施され，その割り当てもランダムになされる。宇宙条約が想定していた一つの連続した工程による「打上げ」とは明らかに異なるプロセスを辿っている[91]。したがって，関係国が，事前に整理しておくよりも損害賠償責任が発生した時点でケースバイケースに対処する方が現実的とする判断も一定の合理性があるといえる。残る課題は責任国あるいは事業者が，こうした損害を想定していなかった場合に保険を手配していないことや倒産等によって賠償資力が損なわれるリスクにある。この点については国内法による担保が必要となる。

　第三に，一義的に責任を負う国や事業者は，当該賠償と内部求償を行う必要が生じるため，行政コスト負担及び事業者にとっての評判上の損害等も生じるため，それらのリスクを総合的に考慮する必要がある。特に，未登録物体による損害と国内法が未整備の状態にある場合の派生的損害を試算することは，未然の備えへの十分な動機付けとなる。

　このように ISS からの放出に対する事後統制は，現行国際宇宙法上明確であり，共同打上げ国同士の内部関係の責任分担は個別具体的な処理に委ねられている。内部関係においては特に未登録衛星の事後統制は，衛星運用者が所属

---

(91) Setsuko Aoki, "State Responsibility Facing the Growing Diversity of Space Projects and Actors - The Case of Satellite Deployment from an International Space Station", in Marietta Benko and Kai-Uwe Schrogl（ed.）, *Outer Space — Future for Humankind : Issues of Law and Policy*（Eleven, 2021）, p. 410.

115

する国，放出運用機材の所在する国，あるいは放出に必要なインフラを提供した国が連帯して責任を負う状態にあり，当事国同士がリスクを総合的に勘案したうえで，個別具体的な整理が必要となる。このようなリスクを勘案して，事前統制機能や損害担保制度の充実が図られることも事後統制機能の副次的効果である。

　ISS からの放出衛星に対する事前統制機能としては，管轄国による許認可及び継続的監督の態様を見る必要がある。

　第一に，衛星本体に対する許認可は，各衛星の運用主体が所属する国が，それぞれの適用法規に基づいて発出しており，許認可法制が未整備の国では発出されていない。加えて，それら法規の適用範囲も国によって異なり，例えば，米国では米国市民が運用する衛星は米国領域外で運用されていても適用範囲内となるが，日本では主たる管制が日本の領域から行われる衛星に限られる。したがって，日本国籍を有する主体が日本以外の領域から管制する衛星は，当該領域での許認可法制が存在しなければ，適当な国の許認可及び継続的監督を受けていない状態に陥っている可能性がある。

　第二に，衛星を ISS へ輸送する際にロケット打上げに対する許認可が適用される。その際にロケットが搭載するペイロードに対する審査も含まれており，この観点からの許認可及び継続的監督を受けていると言える。しかし，打上げ許可におけるペイロード審査は，フランスのような例外的なものを除けば[92]，打上げに対する安全性と当該打上げ行為が国際安全保障を阻害するような性質のものでないこと等の限定された観点であり，ペイロードとして搭載される衛星の構造やその運用の軌道上の安全性や宇宙環境に対する健全性等を審査するものとはなっていない。したがって，打上げ許可におけるペイロード審査のみでは，衛星に対する許認可及び継続的監督が果たされているとは言い難い。

　第三に，衛星放出に対する許認可が存在すれば有効な事前統制機能と考えられるが，現実には放出行為そのものに対する許認可が発出された実績はない。これは，国家が放出を打上げと同等の行為であるとはみなしてない傍証にもなり得るが，他方で，第 1 部第 1 章第 2 節で見た通り，宇宙物体登録における打上げ場所に放出場所を登録しているケースが大多数である点と合わせて検討

---

[92] フランスは打上げ許可基準において，ペイロードのミッションを遂行するためのロケットの性能や安全性を審査している（フランス技術規則決定 17 条）。

第3章　国際法の規律構造からみた商業宇宙活動における課題

する必要がある。すなわち，国家は，放出に対する許認可の仕組みは用意していないものの，放出した場所を打上げ場所として登録することで，放出が打上げ行為であると国際的には宣言しているようにも見える。しかし，一般的に放出行為も衛星運用の一環として実施されるものについては，当該衛星の運用許可の一環として許認可の対象としていることから[93]，放出に伴う安全性までは放出を行う側の宇宙機が許可及び継続的監督を及ぼしており，それ以降の責任は放出される側の宇宙機に移されていると考えることができる。すなわち，宇宙物体登録は衛星の運用を行う国が実施すべきであるという価値判断が大勢を占めていることから，運用主体が変わる場合に対しての過度な許認可を控える姿勢に基づいて，許可及び継続的監督の役割分担が暗黙の裡に成立しているとみることができる。

以上のように考えると，宇宙機を運用する主体が存在する国が許認可制度を整備すれば，許可及び継続的監督の空白状態が生じる恐れはなくなる。したがって，衛星運用計画を保有した時点で，その国における許可及び継続的監督の手法を許認可制度等の形で整備することで，衛星放出活動に対する事前統制機能は整備できると言える。加えて，各国の許認可のスコープを調整し，国際的に欠缺のない状態に保つような調和機能を設定することができれば，この一見脈絡がないように見える事前統制機能にシステマチックな実効性を持たせることができるだろう。

他方で活動実態がありながら適切な許可及び継続的監督が見込めないような法の欠缺状態が継続する場合，許認可制度を有する関係国が一方的国内措置を及ぼしてその欠缺を補充しようとするインセンティブが働く可能性もある。適切な国が許可及び継続的監督を及ぼすことを制度的に担保し，法的に不安定な状態を作出しないことが，実効的な事前統制機能の確保にとって重要である。

2　ISSからの高解像度地球観測における事後統制と事前統制

地球観測活動に対する事後統制機能としては，理論上，第三国に損害をもたらした場合にはその原因となった宇宙機の打上げ国が国際賠償責任を負うが，リモセン画像によって直接損害が引き起こされることは観念しがたく，これまでも責任追及された実績はない。他方で，間接損害としては，当該画像に基づ

---

[93] 例えば，日本の衛星管理許可ガイドライン，6.1，6.2.2，6.3.1 項など。

117

第 3 部　商業宇宙活動に対する国際法の規律構造

く社会経済活動や医療活動等の結果として損害が発生する場合等が想定され，それらに対する賠償責任を含む国際責任が，提供画像が努力義務を上限とする無償の提供であるという理由だけですべて免除されるとまでは言い難い。しかし，画像提供活動に重大な責任を附帯させる場合には，たとえそれが賠償責任に限定されたとしても，提供活動そのものを萎縮させる結果につながるため，画像利用に伴って生じる責任の厳格化は慎重に考慮する必要がある[94]。

　事前統制機能としては，センサーを運用する国のリモセン法とセンサーを設置するモジュールの管轄国のリモセン法が競合する場合の調整が問題となる。両国のリモセン法がそれぞれの基準で許認可や撮像画像のスクリーニングを要求する場合，センサー運用事業者はその両方の要求に従う義務を負う。この場合，センサー運用国では許可されている範囲の撮像をセンサー設置国が不許可とする場合が想定されるが，両国の要請に服する必要がある以上，その場合は当該撮像は実施できないと考えるべきである。例えば，米国企業のセンサーを欧州モジュールに設置して運用しようとする場合には米国リモセン法に基づく許可とドイツリモセン法に基づく許可を両方とも取得する必要があると考えられる。これに加えて，フランス政府にもリモセンデータ運用者として届け出て，その制限措置を受ける可能性がある。その場合，米国法上撮像可能な画像であってもドイツ法上配布できなかったり，フランス当局から配布禁止の命令を受けたりする可能性がある。欧州モジュール上でも，フランス企業がセンサーを設置して運用しようとする場合に，ドイツリモセン法上の許可を得る必要が出てくるとも考えられる。より複雑なのは，米国モジュール上に設置されたISSにおける初の商業エアロックBishopによって運用しようとするセンサーがある場合，その運用形態はカナダアーム2が把持した状態で実施されることが想定されるため，センサー設置企業が所属する国のリモセン法のみならず，アームを運用するカナダのリモセン法，Bishopが所属する米国のリモセン法の適用も受ける可能性があり，法的には大変不安定な状況に置かれるといわざるを得ない。したがって，センサー運用事業者にとっては，より制約の少ない設置場所，運用場所を選択する動機が働き，その帰結として，各国におけるリモセン法の基準の調和が進む契機となる可能性がある。

---

(94) Atsuyo Ito, *Legal Aspects of Satellite Remote Sensing* (Martinus Nijhoff, 2011), pp. 189-195.

第 3 章　国際法の規律構造からみた商業宇宙活動における課題

3　商業宇宙ステーションに対する事後統制と事前統制

　事後統制機能としては，ISS 接続中の商業宇宙ステーションに対しては，ISS と同様の事後統制が及んでいる。管轄権及び管理の権限が登録国にあるため，米国が同モジュールを登録するかが問題となるが，少なくとも米国企業による商業参加モジュールであること，米国モジュールに接続されることから，個別に宇宙物体登録されなかったとしても，登録済みの米国モジュールの一部とみなすことが可能であろう。

　他方で，切り離し後の商業宇宙ステーションに対する事後統制機能としては，通常の人工衛星と同じ基準になる。国際賠償責任としては，宇宙損害責任条約の定めるところに従い，民事責任については，独立の宇宙物体としての登録と，それに基づく管轄権の設定を必須の前提として，当該管轄国の法令が適用されて，当該準拠法に従うことになる。またこれにより管轄国の宇宙条約 6 条に基づく国際責任にも服することになる。ISS 運用終了後に商業主体による宇宙ステーションを運用する場合，特に多国籍企業が多数参加する場合には，これまで以上に当該ステーションあるいはモジュール上の管轄国の事前の特定が重要になる。宇宙空間における国際取引法上の紛争が惹起されれば，当該物体の登録国が，当該物体上で行われた事実行為の行為地とみなされる可能性も出てくる。

　商業宇宙ステーションは，当初は ISS に接続して ISS の利用として ISS 協定にしたがった運用として開始するため，ISS の一部として運用されている間は ISS 協定の適用下にある。そのため，打上げ及び初期の運用段階においては，ISS 協定各極の了承を経て行われることになり，事前統制機能は ISS と同じものが適用される。その後，ISS から切り離されて商業宇宙ステーションとしての運用に入る時点で，所属する打上げ国の運用許可によって事前統制が担保されることになるが，これには，運用が途中で切り替わることになるため，打上げ時点で運用国が認識しにくいという難点がある。現在計画されているものは米国企業による運用のため，米国が打上げ時点から把握していることから米国が許可した運用の範囲で実施される公算が大きく，この問題は回避されるだろう。現在の米国法下では，有人宇宙システムの運用に対する安全についても一部規定されており[95]，他国に比して最も手厚い事前統制機能が期待できる。

---

(95)　14 CFR Part 460 は，サブオービタル飛行を想定してはいるが有人宇宙活動に対する

第 3 部　商業宇宙活動に対する国際法の規律構造

第 2 節　軌道上の新しいタイプの商業宇宙活動に対する作用

1　衛星コンステレーションに対する事後統制と事前統制

　衛星コンステレーションに対し，事後統制機能としての損害賠償責任及び国際責任については，原則通りに機能することが期待されている。すなわち，第三者への損害を与えた場合には，宇宙条約 7 条に基づく打上げ国としての賠償責任，同 6 条に基づく許可及び継続的監督を行った国としての国際責任，そして同 9 条に基づく管理責任が，具体的な行為がそれぞれの要件に該当するかという個別課題はあるにせよ，凡そ宇宙条約の想定通りに衛星コンステレーションを打上げあるいは運用する国の行為を規律していると言える。

　これに対して，衛星コンステレーションに対する事前統制機能においては，宇宙物体の運用に対する許可及び継続的監督の手法を踏襲しつつ，コンステレーションに特有の規制を加えるべきか否かが問題となる。この点，国際宇宙機関間スペースデブリ調整委員会（Inter-Agency Space Debris Coordination Committee: IADC）は「低軌道におけるラージコンステレーションに対するステートメント」において，スペースデブリ対策の観点からコンステレーションに特有の技術的課題をまとめており，コンステレーション内で安全な高度差を維持すること（4.2 項），終了措置において通常よりも高い成功確率を維持すること（4.3.1 項，4.3.4 項），他の軌道面を有するコンステレーションとの間での安全な高度差を維持する軌道設計とすること（4.2.3 項），制御再突入を行うこと（4.3.3 項），再突入時に地上に到達する破片を低減する設計とすること（4.3.3 項），追跡可能性を高める設計とすること（4.3.5 項），衝突回避を迅速に行うために制御計画を開示すること（4.4.2 項），25 年以内の大気圏への再突入廃棄を促進すること（4.4.3 項）等を勧告している[96]。国際宇宙法学会（International Institute of Space Law: IISL，以下「IISL」という。）も 2021 年のステートメントにおいて，国際法及び関係規則が国際ガイドライン等に基づいて，他国の利益への妥当な考慮（due regard）が払われていることを確保する責任は，宇宙条

　　規制となっており，宇宙ステーションへ適用する場合には修正及び追加が必要と考えられるが，地上と宇宙空間との往還等のリスクの高いフェーズはすでにカバーされている。
(96)　IADC Steering Group, "IADC Statement on Large Constellations of Satellites in Low Earth Orbit", IADC-15-03, Rev. 4, 10 November 2017.

第 3 章　国際法の規律構造からみた商業宇宙活動における課題

約の当事国各国に課されており、各国規制当局の果たすべき役割が大きくなってきているとしている[97]。このような事前統制機能の強化の必要性の訴えは、ITU や COPUOS 等の国際機関でも高まっている[98]。コンステレーションに特化した国内規則は発展途上だが確立はしておらず、米国における FCC による規則作成の試みが先行している[99]。FCC はコンステレーション運用にあたっての特別の注意を導入した技術的基準を検討しており[100]、また、コンステレーションの軌道を横切る運用を行おうとする宇宙機に対しても特別の注意を払う運用計画を立てる要求を検討している[101]。これによって、相互干渉が起こりそうな運用計画については予め相互の調整を促し、その技術的妥当性を FCC の許認可プロセスにおいて評価することで、事前統制を及ぼそうとしている。もっとも、当該規則案には、2019 年に公開されて以来、多くの国内外からのコメントが寄せられており[102]、FCC 委員からも賛否両論があり、2020 年 8 月及び 2021 年 10 月に一部が採択された後も検討が継続されている[103]。だがこの大きな動きは、事前統制としてのありうべき姿を示しており、近い将来の商業活動はこれに類する規制に服さざるを得ない状況になることは確実視される。その成果については今後の実行を見る必要があり、また同規則の他国や国際ルールへの展開、国際宇宙コミュニティへの影響等も注視する必要があるが 2024 年 7 月の改正でフランスがコンステレーションに特化した規制の導入に踏み切ったことは注目に値する（フランス技術規則決定 48-1, 48-2 条など）。

---

(97) Board of Directors of the IISL, Consideration of the Interests of the Public and other Stakeholders in the Authorization and Continuing Supervision of Commercial Space Activities, Statement, 2021, <https://iislweb.space/wp-content/uploads/2021/07/IISL_Statement_Authorization_and_continuing_supervision_2021.pdf>.
(98) Jakhu & Pelton, *supra* note 84, pp. 371-373.
(99) FCC, "Report and Order and Further Notice of Proposed Rulemaking, No. FCC 20-54.
(100) 実験局（47 CFR Part 5）及びアマチュア無線局（47 CFR Part 97）については 2021 年 10 月 20 日に施行され、衛星通信（47 CFR Part 25）については継続検討となっている（*ibid.*）。
(101) Michael S. Dodge, "Regulating Orbital Debris: The Federal Communications Commission Tackles Space Junk", *North Dakota Law Review* Vol. 96 No. 2, (2021), p. 181.
(102) FCC によれば 95 団体からコメントが寄せられた。FCC, *supra* note 99, Appendix C.
(103) Henry Gola and Jennifer D. Hindin, "FCC Announces Effective Dates for Earth Station Build-Out Rules and Some, But Not All, Orbital Debris Mitigation Disclosure Rules", Wiley Rein LLP, 21 September 2021, <https://www.wiley.law/alert-FCC-Announces-Effective-Dates-for-Earth-Station-Build-Out-Rules-and-Some-But-Not-All-Orbital-Debris-Mitigation-Disclosure-Rules>.

このように，事前統制機能は国内規則に委任されている範囲での対応が求められており，さらにはそれら国内規則の国際的な調和や国際基準への昇華が期待されていると言える。問題は，一国が国内規則による規制を先行させたところで自国の宇宙産業のみに対して規制をかけることになってしまうことを嫌い，規制の第1歩を踏む出しにくい点にあろう。米国でもFCCが提示した規制案に対して類似の議論が展開され[104]，規則策定後も続けられると想定されている。事前統制機能は国際法による指導理念と国内法による実行が組み合わさって初めて機能する。これに加えて宇宙活動全体の安全を維持する観点からどの国でも一定の水準で一律に守る必要のある禁止事項は，ある国で当該事項を逸脱した活動が行われると宇宙空間全体に危険を及ぼす結果になるため，国を問わずあらゆる運用者によって実施されなければ機能しない。したがって，禁止事項が国際的に統一されていなければ各国国内規則も規制を控えることになり，安全上必要な禁止事項が遵守されずに宇宙活動全体の安全が脅かされることになる。

　以上より，衛星コンステレーションに対する事後統制機能，事前統制機能は，この活動に特有のものとしてはいずれも発展途上にあるのでそれらの範囲を明確化することによって商業宇宙活動の自由が認められる範囲が明らかとなり，産業振興にも資する。国家は宇宙条約6条，7条，9条及び2条に基づいて宇宙物体に対する管理責任が問われ，それが国際責任に発展しうる可能性を考慮して，この分野における事前統制としての国内規則の整備と調和を進める必要性をより強く認識する必要がある。

2　軌道上サービスに対する事後統制と事前統制

　この分野においては，後述するとおり事前統制機能が足踏み状態にあることから，現時点では事後統制機能としての損害賠償責任制度が重要な役割を果たしている。この点，軌道上サービスを含む，宇宙機の運用に伴う軌道上損害に対する民事責任制度については，依然として次の三つの選択肢があると言える。

　①過失責任原則を修正して，一定の場合には事業者を免責にし，あるいは特定の主体に責任を集中し，当該免責部分について国が補償することで産業振興

---

(104) Carlos Nalda & Jennifer White, "The FCC and Commercial Space - Partners in Progress or Collision Course?", LMI Advisors, 24 April 2020, <https://www.lmiadvisors.com/the-fcc-and-commercial-space-partners-in-progress-or-collision-course/>; Dodge, *supra* note 101.

第 3 章　国際法の規律構造からみた商業宇宙活動における課題

を図る。

　②過失責任原則は維持しつつ，打上げ活動に対する制度と同様に，強制保険及び国家補償制度を創設する。

　③制度上は現状を維持し，事業者の選択に任せる。

　諸外国においては，フランスが打上げ活動に対する制度の延長として，軌道上損害に対しても保険の限度額を上回る責任については政府が負担することとしているほか[105]，英国も政府補償を用意している[106]。他方で米国は打上げ行為にのみ強制保険と国家補償の制度を置いており，軌道上損害に対しては準備していない。このような国際環境においては，③の政策を取り続ける場合，先端的な運用を志向する衛星事業者は，政府補償制度の充実した国で事業を実施する方が自己負担のリスクの低減が図れることから，そのような国へ流出していく懸念が増大する。他方で，①の政策をとる場合，過失責任に対する特別の政府補償制度を創設することになり，他の分野の責任類型と対比して特別に公的資金によって補償することに対する理由付けの困難が伴う。加えて，軌道上損害に対する過失責任の原則を修正する理由が見当たらない。地上損害については宇宙活動に全く関与しない第三者が損害を被るケースであることを前提にして，そのような被害に対して高度な危険を伴う宇宙活動を実施している側に責任を集中させることで衡平を保とうとするための無過失責任制度であった。しかし，軌道上では宇宙活動に関与しない第三者は存在していないため，地上に比して一定の知見を有する運用者同士での損害発生が想定されていることから，無過失責任までは必要とされず，過失責任の原則が適用されていると考えられている[107]。したがって，宇宙活動がより一般化して，他の交通のように通常の活動に近づけば，無過失責任から過失責任への転換が検討されるべきではあるが，これに逆行することは理論上考えにくい[108]。なお，航空機による第三者損害責任については条約上の制度整備が長らく議論されて決着を見ていないが[109]，無過失責任あるいは過失推定に加えて厳しい立証責任を置く厳格

---

(105)　フランス宇宙活動法 17 条。
(106)　2018 年宇宙産業法 34 条(5)。
(107)　小塚・佐藤編著『前掲書 (注 63)』，174 頁。
(108)　内閣府宇宙戦略室「宇宙活動法案における第三者損害賠償制度の在り方について (案)」第 6 回宇宙政策委員会宇宙産業・科学技術基盤部会宇宙法制小委員会，2015 年 11 月 4 日，<https://www8.cao.go.jp/space/comittee/27-housei/housei-dai6/gijisidai.html> によれば，日本政府も同様の考え方を取っている。

123

第 3 部　商業宇宙活動に対する国際法の規律構造

責任のいずれかが俎上に上っており，過失責任原則への転換は議論されていないことから，航空分野よりも後発の宇宙活動において地上への第三者損害責任を過失責任主義へ転換しようとすることが時期尚早であることは明らかである。したがって，軌道上損害に対する責任法制を手当てするのであれば，②の政策をとるのが妥当と言える。②の政策は，打上げ活動においてすでに実績のある制度であり，英仏も同様の考え方の制度を整備しているところだが，軌道上損害に対しての補償をどの程度見込む必要があり，その補償を保険と政府補償によってどのように分担するかが課題となる[110]。強制保険を超える損害について政府補償を創設することは，被害者救済に万全を期すことが制度趣旨であることに鑑みれば，産業振興を重視する場合には強制保険の限度額を低く抑えて政府補償を手厚く準備することも理論上は可能となり，強制保険の限度額の決定に対する決め手がないこととなる。打上げ活動に対する強制保険は，我が国においては 1983 年から 200 億円と定められてきた保険金額が 2021 年に 66 億円（H-IIA202 型の場合）程度に大きく引き下げられている（詳細は第 3 部第 2 章第 2 節参照。）。諸外国においては，米国では 5 億ドル，フランス，オーストリア，フィンランド，英国では 6,000 万ユーロ[111]，豪州では 1 億豪州ドル[112]とされている。これらの金額の算出根拠は，MPL に基づく計算であるとされており[113]，この算出方法は火薬類を燃料としている打上げ用のロケットが射点及びその飛行経路において誤作動等を生じることでもたらし得る損害を念頭に置いたものであり，本来は軌道上損害のための算定基準ではない。軌道上では燃焼に必要な酸素の不存在や微小重力環境などが地上とは全く異なる物理的機序をもたらすうえに，人工衛星の使用する燃料は火薬類ではないため，軌道上損害の算出にあたっては現在の打上げ保険に使用されている MPL とは異な

---

(109)　藤田勝利「地上第三者に対する責任」藤田勝利編『新航空法講義』（信山社，2007 年）207-229 頁。

(110)　重田麻紀子「軌道上サービスに起因する第三者賠償責任をめぐる法的課題」，『空法』63 号（2023 年）37-64 頁。なお，被害者保護を優先し，強制保険制度を政府補償制度に先行させてでも創設する必要があるとする説もあるが，事業者の自主裁量にゆだねられてきた現在の活動実態に鑑みれば，政府補償なしで保険調達のみを強制することは，事業者負担のみを要求することとなり，産業振興とは逆行しかねないことに留意が必要である。

(111)　UK Department for Transportation (ed.), "Liabilities & Insurance 2020", Impact Assessment No. DfT425, 12 October 2020.

(112)　Space (Launched Returns) (Insurance) Rules 2019, Article 6.

(113)　*Liability insurance and financial responsibility requirements*, 49 USC §70112 (2009).

第3章 国際法の規律構造からみた商業宇宙活動における課題

る手法を取る必要があるが、それはまだ確立されていない。

以上のとおり、事後統制機能としては国際法上も国内法上も過失責任に基づく賠償責任が適用されるのが現状であり、過失認定の課題が依然として高く立ちはだかっている。この状態を維持するのか、特別法によってその修正を図っていくのかについては、政策判断が必要である。現状における大きな課題は、過失認定の困難さや過失事例の極端な少なさを原因とする軌道上損害リスクの過小評価によって、本来備えられているはずの事後統制機能が有名無実化している点にある。すなわち、軌道上損害を想定した設計・運用に対する制約や保険手配よりも、運用上の都合やコスト低減が優先されている傾向にあると言っても過言ではない。そのような現状では、事後統制機能のバランスをとる手段として、強制保険の制度を政策的措置として整備する必要があるといえる。保険料率は対象となる活動の市場における保険金の支払総額に応じて変化するので、付保する運用者にとっては持続的な活動のためにも軌道環境の悪化を抑えるインセンティブにもつながる。加えてMPLに代わる軌道上損害の想定額の算出方法を見出すことで社会全体として最適なコストで損害に対する担保も可能となる。

事前統制機能としての国際的な基準作りは、軌道上サービス活動が商業利用としての便益と安全保障上の懸念が両立していることから確立の見通しが立っていない。そこで日本は世界に先駆けて2021年11月に軌道上サービスガイドラインを制定し、日本の管轄権の範囲内で実施される軌道上サービスに対して、宇宙活動法に基づく人工衛星管理許可の基準として同ガイドラインを適用することで、その活動の事前統制機能を発揮することとした。このガイドラインには、軌道上サービスの正当性を担保するための要件（4項）と技術的安全性を担保するための要件（5項）及び国際的に透明性を確保した形で実施することで安全保障上の懸念を担保するための要件（6項）が盛り込まれた。特に軌道上サービスの正当性を担保するための要件としては、対象物体に対する権利侵害でないことを明らかにするために、当該物体に対して軌道上サービスを行うことについての所有者からの同意を得ていることや対象物体の登録国又は許可を発給した国の規制に抵触しないこと等に係る証明を要求している[114]。また、透明性確保のため、軌道上サービスを実施する事業者自らがその運用計

---

(114) 「軌道上サービスガイドライン（前掲資料（注40））」5-7頁。

第3部　商業宇宙活動に対する国際法の規律構造

画と異常発生時の措置についての対外的な情報発信を要求しており，その発信は日本政府及び一般公衆に対するもののみならず，「国外の中核的な宇宙状況把握組織」に対しても行うことを求めている。すなわち，実質的には，米軍 CSPOC に対する通報を義務付けていると言える[115]。

　国際的な基準としては，軌道上サービスを実施する主要な事業者が加入する業界団体として組織された Consortium for Execution of Rendezvous and Servicing Operations（CONFERS）が設計及び運用のための推奨標準を発表している[116]。この推奨標準は，CONFERS が指向する軌道上サービスのミッション成功と市場拡大の理念も包含されていることから，日本政府が策定したガイドラインよりも広い範囲をカバーしているが，持続可能な宇宙活動の観点から安全な運用に必要な要求としては同じ趣旨を規定していると言える。CONFERS の推奨標準が COPUOS 等の政府間国際機関で引用されて決議されるようになれば，国連 COPUOS デブリガイドラインのように国が参照する国際ガイドラインとしていわゆるソフトローの一つとなりうる。その場合においても直接の法的拘束力はないものの，主要国の許認可基準に取り込まれるようになれば，事前統制機能として作用してくるようになると言える。すなわち，ソフトローそのものは商業宇宙活動に対する制約とはならないが，それらが事前統制機能に取り込まれて作用することで直接的な制約となるため，国際的なソフトローへと発展させていくことで事前統制機能を事実上形成していく要素とすることができると考えられる。

　現在は，軌道上サービスを明確に規制する条約も国際的なソフトローも存在しないため，その商業活動に対する規律は一部の国内規則に依拠するに留まる。しかし，これらが相互に作用して，各国の国内規則が調和し，発達することで，事実上の事前統制機能として作用していくことになる。

3　宇宙状況監視（SSA）サービスに対する事後統制と事前統制

　SSA サービス自身は，主として地上からの観測と地上局同士のデータの授受等によって行われるので，宇宙活動としての規律の埒外にある。そのため，

---

(115)　*Ibid.*, 8-9頁。
(116)　CONFERS, "CONFERS Recommended Design and Operational Practices", 1 October 2019, <https://www.satelliteconfers.org/wp-content/uploads/2019/02/CONFERS-Operating-Practices-Approved-1-Feb-2019-003.pdf>.

第 3 章　国際法の規律構造からみた商業宇宙活動における課題

本章の目的に照らせば取り扱う必要がない。しかし，発想を転換し，宇宙活動に対する事後統制機能を活用して SSA サービスを積極的に利用するインセンティブを衛星運用者に与える方法が考えられるため，付言する。衛星が軌道上において事故を起こした場合には，当該衛星運用に当たっての SSA サービスの利用の有無，利用していた SSA サービスの種類や SSA サービスを利用した自らの解析の方法等が一定の水準に達していない場合，衛星運用者の過失が認定されて当該事故によって発生した損害に対して，衛星運用者に損害賠償責任が生じる可能性がある。その過失認定に際しては，一定水準の SSA サービスの利用とそこから受領するデータに基づく解析方法が，通常の衛星運用において広く行われている実行であり，これらを行わないことが衛星運用者の注意義務に違反する程度に一般化していなければ過失と認定できない可能性がある[117]。この点において，衛星運用者の注意義務を定式化する上で，SSA サービスが一定水準に達していることを公的に認証する制度があれば有益である。すなわち，SSA サービスの内容を検査し，一定水準に達している SSA サービスに公的認証を与え，衛星運用許可の取得に当たって当該認証を受けている SSA サービスの利用を許可要件とすることで，事前統制及び事後統制の両面において，一定水準の SSA サービスの利用を担保できる。これに加えて，衛星運用者に対してもこれらの要件を備えていれば一定水準以上の注意義務を果たしていることの証明となり，事業リスク低減にもつながる。このような制度が準備された暁には，同水準を満たしていない状態で衛星運用を行った結果として損害が発生した場合には，当該損害に対する衛星運用者の過失認定にも資すると言えよう。国家の国際責任の発生については，主要国の許認可基準において，一定水準の SSA サービスを利用することを共通に要求していることから，同様の水準に基づいた許認可を行わなかった国には，相当の注意を逸脱した行為として国際責任が発生する可能性がある。現時点では，具体的にどの SSA サービスがこの水準に達しているかについてまでは共通の基準となっていないため，この点においても公的認証制度を設けることで，当該制度の基準が SSA サービスに要求される事実上の国際標準となることができ，国際法上の事後統制機能としての作用が期待できることになる。

　事前統制機能としては，一部の国の許認可システムにおける進展がみられる。

---

(117)　内田貴『民法 II　債権各論（第 2 版）』（東京大学出版会，2007 年）324-335 頁参照。

127

第3部　商業宇宙活動に対する国際法の規律構造

日本においては，人工衛星管理許可を取得する要件として，他の人工衛星等との衝突回避のための情報把握とその情報に基づく回避判断プロセスの策定が規定されており[118]，軌道上サービス等の他衛星への意図的な接近を伴う運用を行う場合にはより広く情報を公開して透明性を確保するよう要求されている[119]。米国においても，SSAサービスの利用を前提に，接近警報を受け取った際のリスク分析や相手方運用者への連絡等の回避に向けた行動が求められている[120]。このように，衛星の運用に対する許可要件として，SSAサービスを利用することが前提とされており，現時点においては米軍のCSPOCが特別に協定を締結した衛星運用者に提供している接近解析情報等の水準以上のSSAサービスを利用していない衛星運用は許可されない傾向にあり，これが事前統制機能として作用していると言える。もっとも，国内立法がない国やSSAサービスの利用を許可要件としていない国などから運用される衛星については，事前統制機能が作用しているとは言えないため，その作用はまちまちになっているのが現状である。

　一部の国内規則によって担保されている事前統制機能は，現時点ではCSPOCのSSAサービス利用を前提としているが，第2部第3章第1節で見た通り，CSPOCの民生機関へのサービス提供機能は，基本的な機能は商務省へ，高度な機能は民間のそれへと置き換わろうとしている。しかし，民間の商業SSAサービスがどの水準で提供されるかについて，利用者側で把握するのは困難である。商業SSAサービスが主体となる場合，要求水準を満たしているサービスを抽出するためのSSAサービスに対する国内規則が新たに必要になってくる。この点においても前述したSSAサービスへの公的認証制度が有効と考えられる。もちろん市場原理に任せることで質の高いSSAサービスの登場を期待することが可能だが，軌道上の運用安全と将来にわたっての持続可能な宇宙活動に大きく影響する内容であるため，必要最低限の水準は公的に担保するような制度設計が必要とされていると考える。もっとも，SSAサービス産業の育成の観点からは，同業界における競争性も同時に確保する必要があり，規制と産業育成のバランスを取る高度な政策の舵取りが要求される。米国では，既に市場形成が進んでおり，同市場に対する政府のコミットメントが期

---

[118]　衛星管理許可ガイドライン，6.3.3項。
[119]　軌道上サービスガイドライン，4.3項。
[120]　FCC, *supra* note 99, pp. 104-106 and 119-120.

待されている状況があり⁽¹²¹⁾，2023 年には商務省が構築を計画している民生用 SSA プラットフォーム（Traffic Coordination System for Space（TraCSS））の概要が公表され⁽¹²²⁾，SSA サービス産業に対する大型の政府発注が実現しようとしているが，それらへの信頼性担保のための措置は不透明なままとなっている⁽¹²³⁾。

第 3 節　小　括

　本章では，前章にて獲得した宇宙活動に対する事後統制機能と事前統制機能という分析軸を用いて，第 1 部及び第 2 部で取り上げた商業宇宙活動がどのように国際法の規律を受けているかを構造的に分析することで，すでに規律が及んでいる部分と規律が不十分と考えられる部分を描き出し，後者についての今後のありうべき議論の方向性を検討した。

　第 1 節 1 では，ISS からの衛星放出活動について，事後統制機能は明確に作用しており，各当事国がその規律を意識し，個別具体的に連帯責任を負う際の内部関係を整理すれば足りることが分かった。他方で，事前統制機能としては，放出する国が放出に対する許可・監督制度を設けるか，衛星運用国の許認可制度の整備が必要であることが分かった。各国における許認可制度のスコープに空隙が生じないような調整が必要であり，許認可制度を持たない国が衛星運用国となる場合には，国際法による規律が及ばない抜け道となる恐れがある。このような法の欠缺状態は法的紛争の火種となるばかりか，関係国の一方的国内措置によりその欠缺を補充しようとする強い圧力が働く恐れも内包している。

---

(121) Brian Weeden, "Space Situational Awareness: Examining Key Issues and the Changing Landscape", Testimony before the Subcommittee on Space and Aeronautics, U.S. House of Representatives, 11 February 2020, <https://swfound.org/media/206932/weeden_house_ssa_testimony_written_feb2020.pdf/>.
(122) Jeff Foust, "Commerce Department outlines plans for basic space traffic management service", *SpaceNews*, 28 January 2023, <https://spacenews.com/commerce-department-outlines-plans-for-basic-space-traffic-management-service/>.
(123) 6 社の SSA 事業者が，商業 SSA サービス利用実証のパイロットプロジェクトを実施した。(Sandra Erwin, "Defense, Commerce Departments select companies to prototype space traffic management solutions", *SpaceNews*, 6 December 2022, <https://spacenews.com/defense-commerce-departments-select-companies-to-prototype-space-traffic-management-solutions/>).

この措置も国際法の形成過程の一つといえるものの，通常の国家間の合意プロセスでの解決が望ましいことから，衛星放出活動を行う当事国にはこのような法の欠缺状態を作出しないような努力が求められる。

第1節2では，ISSからの高解像度地球観測においては，事後統制機能が及んでいることは明確であるものの，撮像画像を原因とする間接損害に対する損害賠償の基準整備が課題として残される。これは宇宙からのリモセン活動に共通する課題と言える。他方で，事前統制機能については，二重に許可取得を求められる場合の管轄権の競合に対する調整が現実的課題であるが，この調整が進むことでリモセンに関する国内規則の調和が進むことが期待できる。

第1節3の商業宇宙ステーションにおいては，ISSから切り離して運用する状態となった際にどの法規を適用するかが不明確なため課題として残っている。適用法規が未整備の国を登録国とする場合には，刑事裁判権や知的財産権についての国内立法を進める必要がある可能性はある。事前統制機能としては，当面は米国の許認可制度に基づくもの以外の実施は現実的ではないことから，喫緊の課題は見えないが，将来この前提が崩れた際にどの国のどの制度で事前統制機能を確保すべきかは未知数である。

第2節1の衛星コンステレーションについては，事後統制機能は原則通りに作用している。事前統制機能については活動の特性に応じた国内規則がいくつかの主要国で発展途上だが，調和するには至っていないため，事前統制として充分な機能を発揮していない。

第2節2の軌道上サービスにおいては，事後統制機能の作用は，軌道上の損害に対する責任分担の議論に帰結し，通常の衛星運用のような軌道上活動と同様に，国内的にも国際的にも確立したルールが存在しておらず，発展途上である。事前統制機能については，一部の国で国内規則化の動きがあり，更なる調和的な発展が課題である。

第2節3のSSAサービスについては，サービスそのものが宇宙活動に対する規律対象ではないが，商用SSAサービスの品質を保証する公的認証制度を導入することで，宇宙活動に対する事後統制，事前統制のどちらにも有効なツールとして機能することができる可能性を秘めている。

上記のいずれの活動においても，許認可制度を持たない国において商業宇宙活動が行われる場合に法の欠缺が生じることになる可能性が課題となる。2015年にRocket Lab社が射場建設を始めて以降，極めて速いスピードで包括

第 3 章　国際法の規律構造からみた商業宇宙活動における課題

的な宇宙活動法を立法し 2017 年には施行にこぎつけたニュージーランドのように[124]，自国の商業宇宙活動の進展に合わせて，許可及び継続的監督の国内規則の法的根拠と手段を設置する好例を踏襲していく必要がある。

---

(124)　笹岡愛美「ニュージーランド」小塚・笹岡編『前掲書（注 31）』133-142 頁。

終　章

　21世紀におけるニュースペースの躍進は，人類の宇宙活動に新しい時代をもたらした。長く国家のものであった宇宙活動は，本格的に商業化の時代を迎えたといってよい。それによって宇宙空間での混雑が加速し，これまでの利用形態の見直しが迫られている。宇宙活動を規律する法律についても，これに対応した見直しが期待されていることから，その根幹である商業宇宙活動に対する国際法の規律のあり方が改めて問われているのが現状といえよう。そしてこの国際情勢を捉えて，国際的なルール形成において主導的な役割を果たすことでこの宇宙商業化の時代をリードしようとする政策が各国で標榜され，日本もその例外ではない。しかし，国際社会におけるルール作りの動きは百花繚乱状態にあり，何を行えば国際ルール形成の主導権獲得につながるのかの優先順位付けが困難な状況にある。そこで本書は国際ルールの原点である国際法の規律内容に着目し，国際ルール作りにおいて最も影響力の強い論点を探るための評価手法を導き出すことを試みた。すなわち，理論上直接的には及んでいない国際法の規律が，商業宇宙活動にどのように及んでいるかのメカニズムを明確に認識することで，国際ルール形成として議論されている論点の各々が国際法の規律の中でどの位置を占め，国際法秩序に対してどのような意味を持つのかを評価できるようになることを目指した。

　本書での検討を通じて，事後統制機能としての国際責任と事前統制機能としての許可及び継続的監督との両面が，商業宇宙活動に対する国際法の規律が及ぶメカニズムとなっており，各国における許認可システムという国内措置によってその実行が担保されていることを明らかにした。これにより，商業宇宙活動に対する国際ルール作りとして議論されている論点について，国際法秩序の観点からの議論の優先順位付けが容易になったといえる。そしてその分析を通じて明らかになった共通の論点のうちの最大のものは，事前統制機能の主要な部分を委ねられている国内規則が，宇宙活動を抱える各国において調和した形で発展することが，国際法秩序を維持するうえでの喫緊の課題となっている点である。現時点では国内規則を調和するためのメカニズムが存在していないところ，各国によって部分的に自主的な調和状態が始まっている現象が見られるが，充分な事前統制機能を発揮するためにはいまだ発展途上と言わざるを得

終　章

ない。特に，軌道上での放出行為や商業宇宙ステーションに対する許認可については整備しようとする国もまだ表れていない。許認可対象となる活動の範囲や主体，リモセン画像に対する許認可の範囲，コンステレーションや軌道上サービスに対する許認可の基準や範囲については，調和とは程遠い国内規則が各国で独自に定立されている。さらには，SSA サービス等の地上で行われる宇宙活動については，未だ議論の俎上にも載っていない。このような課題に対して，宇宙活動を行う国々の国内規則としての検討が急務とされるのは勿論だが，国際的なガイドライン等の議論の場においても，より意識的に国内規則の調和による事前統制機能の充実を通じた秩序維持を認識することも必要である。国際社会は，宇宙活動に対する規律について，新たな国際立法ではなく，非拘束的な文書を用いた規範醸成によるものを目指している以上，その方法によって目指すべき方向を共有しながら進める必要がある。そうでなければ，元来が脆弱な基盤に立脚している現在の宇宙活動を支えている国際法秩序の基盤そのものへの信頼に深刻な影響を与える恐れすらあるという危機感を共有するべきと考える。

　国際的なルール作りにおいて主導的な役割を果たすための活動の主たる舞台が各国の国内規則の生成とその国際的な調和の場にあるという点は，逆説的でいささかがっかりする結論かもしれない。しかし，新たな国際組織の擁立が忌避されるような現在の国際情勢において，STM や SSA を国際組織の新たな仕事，いわゆる国際的公共事務として発展することに力点を置いた展望を描くことにはいささかの躊躇を覚える。一方で，国連等の会議体が緩やかな機運形成の場として作用して各国に国内規則の調和を促し，その調和が事前統制機能として作用している現実を直視すれば，国内規則の作成，履行と国際社会におけるルールの議論が，もはや連続した一つの次元でつながっており，その両局面を行きつ戻りつしながら事前統制機能の充実が進行しているのが現在起こっている現象と言えよう。国連宇宙諸条約の成立過程や条文そのものに立ち返ってみれば，そもそも国際法は，事後統制機能と事前統制機能の両面から宇宙活動を規律することを予定していたと見え，人類の宇宙活動の最初の半世紀は，事前統制機能が不十分なまま，開発主導の活動が発展した歴史だったと言える。だが商業宇宙活動の飛躍的な拡大を受けて，この 10 年の間にその反動としての動きが加速してきたとみるべきであり，世界中で急速に活発化している国内法制上の許認可システムの発展も，その表れとして説明できる。この動きは強

終　章

まっていく一方であることを考えれば，国際法の事前統制機能がようやく実効的な形で作用し始めたと言えるだろう。いわば手放しの自由が認められた宇宙活動黎明期から，活動実態に即した丁寧な法制化に踏み出している時代が現代であると言える。国連宇宙諸条約が準備した事後統制機能としての国際責任と事前統制機能としての許可及び継続的監督が両面から機能することで，宇宙活動全体に対する国際法の規律を確立する時期にあって，主要な細則を各国の許認可システムに依拠しつつも，その国際的な調和としての共通規範が国際法の世界に滲みだしてくるといえよう。その発展の後ろ盾として事後統制機能の存在は不可欠であり，また，第三者損害賠償責任制度などのように，事後統制機能と事前統制機能が相互に作用しあうことで十分な機能を果たしている場面もある。したがって，今後は事前統制機能の重要な要素である国内規則の発展と調和こそが宇宙活動に対する国際法の規律の要諦となることから，国際的な連携を持つ宇宙コミュニティの力が試されているのである。特に，あらゆる宇宙活動の起点となる宇宙空間へのアクセス手段，すなわち打上げ手段を有する国家の許認可基準が，打上げ以降に行われるあらゆる宇宙活動を左右しうる性質を有しており，これらが商業宇宙活動に対する国際法の規律の門番（ゲートキーパー）のような存在となるといえる。すなわち2025年時点でもわずか12か国に過ぎない打上げ手段を有する国々が，調和的な国内法整備を行うことで，充実した事前統制機能が作用し，宇宙活動に対する国際法による安定した規律が確保できるといえる。このような形での国家管轄権の積極的な行使は，これらの国際法上の要請を強化することにつながっており，商業宇宙活動に対する国際法の規律に大きく貢献する。

　最後に本書が残した研究課題を整理しておきたい。

　第一に，国内規則の調和的発展の内容を見極め，その方向性や強弱，実際の適用の実績と基準を整理していくために，国内規則の比較研究が不可欠になっている。特に，宇宙へのアクセス手段である打上げ手段を有する12か国（ロシア，アメリカ，フランス，日本，中国，イギリス，インド，イスラエル，イラン，北朝鮮，韓国，ニュージーランド（軌道投入成功順））の国内規則について，調和がどの分野でどの程度進んでいるか，どの程度の調和の兆しが，どのようなフォーラムで表出しているか等について，更なる比較検証を進める必要がある。いくつかの国については政治的問題から検証が困難だが，調和の可能性や動向等の入手可能な情報に基づいて比較研究の対象としていく必要がある。また，

終　章

打上げ手段は未獲得であるものの，開発途上にあったり射場建設に取り組んでいるオーストラリアやブラジルといった国々も研究対象とするべき国となる。また，分野としては，本書で取り上げた活動を超えて，月・惑星での探査活動についても，商業事業者による活動が活発化する兆しがあり，それらに対する国内規則にも注視が必要になる。打上げ手段を持たなくとも，月・惑星での滞在手段や移動手段に特化した活動国が現れれば，その国の国内規則が一部の活動に特化した事前統制機能の先鞭をつける形となる可能性が出てくるからである。

　第二に，国内規則の調和のための明示的，黙示的メカニズムは，どのように実現できるかという課題も政策に対して理論的基盤を提供するという意味で重要である。ここには，各国政府が意識的に国内規則の調和を求めて交渉に入っていくことになるのか，あるいはこれまでどおり多国間外交の場を活用しつつ，独自に自然な調和のプロセスを続けていくことになるのかという論点も含まれる。換言すれば，乱立している国際的なガイドライン等の議論の場に対する優先順位付けを行うともいえる論点である。

　第三に，調和した国内規則が，国際法の地平に表出する条件や契機，その影響に関する理論的研究が求められる。この点については，国内法の国際法への影響や国家の同意原則の変容，相当の注意概念の発展などの国際法学における研究や海洋・環境等の他分野での裁判例等の蓄積を参照しながら，実証分析を踏まえた理論研究が必要と考えている。

　商業活動の発展が人類の活動分野そのものの持続可能な発展にとって不可欠のものであることは，自動車，船舶，鉄道，航空という人類が生み出してきた交通手段のすべてが，程度の差こそあれ，商業化の歴史をたどっていることからも明らかである。商業宇宙活動の発展こそが人類の持続可能な宇宙活動の未来であり，それを導くのは，国際法の運用主体である国家とそれを支える宇宙コミュニティの責務なのである。そして人類が宇宙活動において新たな歴史を刻もうとしている現在，その進化を支えるために果たすべき法の役割は重大である。これらの課題を一つずつ解決することで，人類の進化を共に経験できる僥倖に恵まれているといって過言ではない。

参考文献一覧

1 書　籍

Benko, Marietta; Schrogl, Kai-Uwe (ed.), *Outer Space-Future for Humankind: Issues of Law and Policy* (Eleven, 2021).

Crawford, James et al. (eds.), *The Law of International Responsibility* (Oxford University Press, 2010).

Cheng, Bin, *Studies in International Space Law* (Clarendon Press, 1997).

Dempsey, Paul Stephen; Jakhu, Ram S. (eds.), *Routledge Handbook of Space Law* (Routledge, 2017).

Foster, Caroline E., *Global Regulatory Standards in Environmental and Health Disputes* (Oxford University Press, 2021).

Hobe, Stephan, et al. (eds.), *Cologne Commentary on Space Law Vol I Outer Space Treaty* (Carl Heymanns Verlag, 2009).

Hobe, Stephan, et al. (eds.), *Cologne Commentary on Space Law Vol II Rescue Agreement, Liability Convention, Registration Convention, Moon Agreement* (Carl Heymanns Verlag, 2013).

Hobe, Stephan, *Space Law (First Edition)* (Nomos Verlagsgesellschaft, 2019).

Ito, Atsuyo, *Legal Aspects of Satellite Remote Sensing* (Martinus Nijhoff, 2011).

Jakhu, Ram S.; Freeland, Steven (eds.), *McGill Manual on International Law Applicable to Military Uses of Outer Space*, Vo. I, (2022).

Jakhu, Ram S.; Pelton, Joseph N. (eds.), *Global Space Governance: An International Study* (Springer, 2017).

Jakhu, Ram S. (ed.), *National Regulation of Space Activities* (Springer, 2010).

Jaramillo, Cesar (ed.), *Space Security Index 2013 (10th ed.)* (Project Ploughshares, 2013).

Jenks, C. Wilfred, *Space Law* (Frederick A. Praeger, 1965).

Kolb, Robert, *The International Law of State Responsibility* (Edward Elgar, 2017).

Lachs, Manfred, *The Law of Outer Space: An Experience in Contemporary Law-Making (Reissued edition)* (Martinus Nijhoff Publishers, 2010).

Lyall, Francis; Larsen, Paul B., *Space Law: A Treatise (2nd ed.)* (Routledge, 2018).

Marboe, Irmgard (ed.), *Small Satellites: Regulatory Challenges and Chances* (Brill Nijhoff, 2016).

Marboe, Irmgard (ed.), *Soft Law in Outer Space* (Heribert, 2012).

Office of the Chairman of the Joint Chiefs of Staff, *DOD Dictionary of Military and Associated Terms* (The Joint Staff, 2021).

Smith, Lesley Jane; Baumann, Ingo; Wintermuth, Susan-Gale (eds.), *Routledge Handbook of Commercial Space Law.* (Routledge, 2023).

Stubbe, Peter, *State Accountability for Space Debris: A Legal Study of Responsibility for Polluting the Space Environment and Liability for Damage Caused by Space Debris,* (Brill Nijhoff, 2017).

von der Dunk, Frans G., *Advanced Introduction to Space Law* (Edward Elgar, 2020).

von der Dunk, Frans G. (ed.), *Handbook of Space Law* (Edward Elgar, 2015).
West, Jessica (ed.), *Space Security Index 2019* (Project Ploughshares, 2019).
Wheeler, Joanne (ed.), *The Space Law Review (Edition 3)*, (Law Business Research, 2021).
岩沢雄司『国際法（第 2 版）』（東京大学出版会，2023 年）
岩沢雄司・森川幸一・森肇志・西村弓編『国際法のダイナミズム（小寺彰先生追悼論文集）』（有斐閣，2019 年）
内田貴『民法 II 債権各論（第 2 版）』（東京大学出版会，2007 年）
遠藤誠治・遠藤乾編『グローバル・コモンズ』（岩波書店，2015 年）
大森正仁『国際責任の履行における賠償の研究』（慶應義塾大学出版会，2018 年）
城戸正彦『宇宙法の基本問題』（風間書房，1970 年）
小塚荘一郎・笹岡愛美編『世界の宇宙ビジネス法』（商事法務，2021 年）
小塚荘一郎・佐藤雅彦編著『宇宙ビジネスのための宇宙法入門（第 3 版）』（有斐閣，2024 年）
小寺彰『パラダイム国際法』（有斐閣，2004 年）
新村出編『広辞苑（第 7 版）（机上版あ〜そ）』（岩波書店，2018 年）
鈴木一人『宇宙開発と国際政治』（岩波書店，2016 年）
鈴木弘一『はじめての宇宙工学』（森北出版，2008 年）
第一東京弁護士会編『弁護士による宇宙ビジネスガイド』（同文舘出版，2020 年）
龍澤邦彦『宇宙法システム：宇宙開発のための法制度』（丸善プラネット，2000 年）
中村仁威『宇宙法の形成』（信山社，2023 年）
日本軍縮学会編『軍縮・不拡散の諸相』（信山社，2019 年）
日本国際連合学会編『グローバル・コモンズと国連』（国際書院，2014 年）
萬歲寛之『国際違法行為責任の研究 ── 国家責任論の基本問題』（成文堂，2015 年）
樋口恵佳「国際法上の『相当の注意（due diligence）』概念 ── その形成・発展とその問題性」（東北大学博士学位請求論文，2016 年）
福島康仁『宇宙と安全保障』（千倉書房，2020 年）
藤田勝利編『新航空法講義』（信山社，2007 年）
村瀬信也・鶴岡公二編『変革期の国際法委員会（山田中正大使傘寿記念）』（信山社，2011 年）
村瀬信也編『国連安保理の機能変化』（東信堂，2009 年）
村瀬信也『国際立法 ── 国際法の法源論』（東信堂，2002 年）
山本草二（兼原敦子・森田章夫編）『国際行政法の存立基盤』（有斐閣，2016 年）
山本草二『国際法（新版）』（有斐閣，1994 年）
山本草二『国際刑事法』（三省堂，1991 年）
早稲田大学アジア北米研究所編『地域研究としてのアジア学』（DTP 出版，2020 年）

2 論 文

Christol, Carl Q., "International liability for damage caused by space objects", *American Journal of International Law*, Vol. 74, (1980), pp. 346-371.
Dodge, Michael S., "Regulating Orbital Debris: The Federal Communications Commission Tackles Space Junk", *North Dakota Law Review* Vol. 96 No. 2, (2021), pp. 181-205.
Faucher, Pascal, et al., "Operational space surveillance and tracking in Europe", *Journal of*

Space Safety Engineering, Vo. 7 Issue 3 (2020), pp. 420-425.

Foster, Caroline E., "Why Due Regard is More Appropriate than Proportionality Testing in International Investment Law", The Journal of World Investment & Trade Vol. 23, 2022, pp. 388-416.

Harrington, Andrea J., "Framework for Reasonable Safety Zone Using the Due Regard Principle", at the 73rd International Astronautical Congress, 22 September 2022, pp. 1-11. [unpublished, file on author]

Heracleous, Loizos, et al., "NASA's Capability Evolution Toward Commercial Space", *Space Policy*, Vol. 50 (2019), pp. 1-4.

Kerkonian, Aram Daniel, "The Impact of US Remote Sensing Regulatory Reform on Canada", *Air and Space Law*, Vol. 45 Issue 6 (2020), pp. 537-562.

Kulu, Erik, "Satellite Constellations - 2021 Industry Survey and Trends", at the 35th Annual Small Satellite Conference, 2021, pp. 1-20.

Kulu, Erik, "Small Launchers - 2021 Industry Survey and Market Analysis", at the 72nd International Astronautical Congress, 25-29 October 2021, pp. 1-24.

Li, Wei-Jie, et al., "On-orbit service (OOS) of spacecraft: A review of engineering developments", *Progress in Aerospace Sciences*, Vol. 108, (2019), p. 32-120.

Mirmina, Steven A., "Reducing the Proliferation of Orbital Debris: Alternatives to a Legally Binding Instrument", *American Journal of International Law*, Vol. 99, p. 649 (2005), pp. 649-662.

Riddick, Don, "Why does Tonga own Outer Space", *Air and Space Law*, Vol. 19 No. 1, (1994), pp. 15-29.

Sturdevant, Rick W., "From Satellite Tracking to Space Situational Awareness-The USAF and Space Surveillance, 1957-2007", *Air Power History* Vol. 55 (2008), pp. 4-23.

Takeuchi, Yu, "Rights and Obligations in International Consultation for Establishing Safety Zones in Outer Space", paper presented at 73rd International Astronautical Congress, 22 September 2022, pp. 1-5. [unpublished, file on author]

Takeuchi, Yu, "Space Traffic Management as a Guiding Principle of the International Regime of Sustainable Space Activities", *Journal of East Asia and International Law*, Vol. 4 No. 2, (2011), pp. 319-334.

Takeuchi, Yu, "STM in the Nature of International Space Law", at the 5th Space Traffic Management Conference, Paper No. 26, 27 February 2019, pp. 1-8.

Verspieren, Quentin, "The United States Department of Defense space situational awareness sharing program: Origins, development and drive towards transparency", *Journal of Space Safety Engineering*, Volume 8, Issue 1, (2020), pp. 86-92.

Verspieren, Quentin & Shiroyama, Hideaki, "From the Seas to Outer Space: The Reverse Dynamics of Civil-Military Situational Awareness Information and Responsibility Sharing", *Space Policy* Vol. 50 (2019), pp. 1-6.

von der Dunk, Frans G., "Liability for Global Navigation Satellite Services: a Comparative Analysis of GPS and Galileo", *Journal of Space Law* Vol. 30 (2004), pp. 129-167.

Zhao, Yun, "Commercialization and the Development of Space Law", *Oxford Research Encyclopedia of Planetary Science* (2018).

参考文献一覧

相原素樹「宇宙空間へのアクセスと宇宙物体の領空通航に関する一考察」『空法』第 57 号（2016 年）1-32 頁

青木節子「宇宙物体の『国籍』」『国際法研究』9 号（2021 年）

青木節子「北朝鮮の『人工衛星打上げと称するミサイル発射』の国際法上の位置づけ」『日本軍縮学会ニュースレター』第 16 号（2014 年）15-18 頁

青木節子「衛星の所有権移転に伴う『打上げ国』の損害責任問題」『空法』第 54 号（2013 年）1-26 頁

青木節子「宇宙の探査・利用をめぐる『国家責任』の課題」『国際法外交雑誌』第 110 巻第 2 号（2011 年）25-49 頁

石井由梨佳「宇宙デブリ除去に関する国際法上の評価」『空法』第 62 号（2022 年）31-50 頁

小栗寛史「国際法の形成における国家の同意の役割：国家の同意は衰退したのか？」『社會科學研究』第 68 巻第 1 号（2017 年）51-86 頁

小野純子「北朝鮮の核実験及び制裁をめぐる歴史と諸状況」『CISTEC Journal』No. 167（2017 年）151-162 頁

菅田洋一「衛星登録の国際標準と軌道権益 —— 公的データセットの可視化を通じて」『研究 技術 計画』Vol. 36 Issue 3（2021 年），333-344 頁

小塚荘一郎, 藤野将生, 北永久「測位衛星システム（GNSS）から提供される情報の過誤と民事責任」『情報法制研究』第 2 号（2017 年）3-14 頁

佐古田彰「宇宙条約 6 条第一文・第二文の成立（一）」『商学討究』第 52 巻第 4 号（2002 年）221-247 頁

佐古田彰「宇宙条約 6 条第一文・第二文の成立（二）」『商学討究』第 53 巻第 1 号（2002 年）385-413 頁

佐古田彰「宇宙条約 6 条第一文・第二文の成立（三・完）」『商学討究』第 53 巻第 2・3 号（2002 年）187-216 頁

佐古田彰「宇宙条約 6 条第一文前段の趣旨及び目的」『商学討究』第 54 巻第 4 号（2004 年）131-163 頁

佐古田彰「宇宙物体登録実行における宇宙物体と国家の関係（一）」『商學討究』第 57 巻第 2・3 号（2006 年）33-64 頁

佐古田彰「宇宙物体登録実行における宇宙物体と国家の関係（二・完）」『商學討究』第 57 巻第 4 号（2007 年）183-225 頁

重田麻紀子「軌道上サービスに起因する第三者賠償責任をめぐる法的課題」『空法』第 63 号（2023 年）37-64 頁

杉浦卓弥「宇宙資源開発の合法性をめぐる国際宇宙法の認識枠組み —— アメリカ『宇宙資源探査利用法』（2015 年）を契機として」『法学研究論集』第 53 号（2020 年）225-245 頁

竹内悠「国際宇宙交通管理（STM）レジームによる国際宇宙ガバナンス確立の必要性」『法学政治学論究』第 120 号（2019 年）69-94 頁

趙孟佑「超小型衛星における国際標準化」『航空と宇宙』第 810 号（2021 年）21-36 頁

中村仁威「スペースデブリと宇宙諸条約上の損害責任の制度」『早稲田法学』第 95 巻第 3 号（2020 年）145-187 頁

増田晋「宇宙活動と国際私法による考察」『慶應法学』第 15・16 号（2010 年）41-51 頁

松掛暢「宇宙物体の外国領空を通過する権利とその必要性」『阪南論集 社会科学編』第 54 巻第 1 号（2018 年）157-168 頁

薬師寺公夫「越境損害と国家の国際適法行為責任」『国際法外交雑誌』第 93 巻第 3・4 号（1994 年）75-129 頁

3　法　令
① 条　約
月その他の天体を含む宇宙空間の探査及び利用における国家活動を律する原則に関する条約，昭和 42 年 10 月 11 日公布（条約第 20 号）
条約法に関するウィーン条約，昭和 56 年 7 月 20 日公布（条約第 16 号）
宇宙物体により引き起こされる損害についての国際責任に関する条約，昭和 58 年 6 月 20 日公布（条約第 6 号）
宇宙空間に打ち上げられた物体の登録に関する条約，昭和 58 年 6 月 20 日公布（条約第 7 号）
月その他の天体における国家活動を律する協定，1984 年 7 月 11 日発効（日本未加入）
条約法に関するウィーン条約，昭和 56 年 7 月 20 日公布（条約第 16 号）
民生用国際宇宙基地のための協力に関するカナダ政府，欧州宇宙機関の加盟国政府，日本国政府，ロシア連邦政府及びアメリカ合衆国政府の間の協定，平成 13 年 4 月 13 日（条約第 2 号）
国際電気通信連合憲章，平成 17 年 1 月 18 日（条約第 2 号）
② 日　本
民法，明治 29 年法律第 89 号
宇宙基本法，平成 20 年法律第 43 号
衛星リモートセンシング記録の適正な取扱いの確保に関する法律，平成 28 年法律第 77 号
人工衛星等の打上げ及び人工衛星の管理に関する法律，平成 28 年法律第 76 号
人工衛星等の打上げ及び人工衛星の管理に関する法律施行規則，平成 29 年内閣府令第 50 号
人工衛星等の打上げ及び人工衛星の管理に関する法律施行規則第九条の二第一項の規定に基づき，内閣総理大臣が定める金額を定める件，令和 3 年内閣府告示第 121 号
宇宙資源の探査及び開発に関する事業活動の促進に関する法律，令和 3 年法律第 83 号
③ 米　国
47 USC 609: Communications Act of 1934.
1997 Defense Authorization Act, Public Law 104-201, 23 September 1996.
U.S. Commercial Space Launch Act of 2015, Public Law 114-90, 25 November 2015.
Public Law 112-273, 14 January 2013.
Public Law 113-76, 17 January 2014.
51 USC 509: Commercial Space Launch Activities.
51 USC 601: Land Remote Sensing Policy.
18 USC §7, (6).
49 USC §70112.
14 CFR Ch. III.
15 CFR Part 960.
47 CFR part 5, 25, 97.
Department of Commerce, NOAA, Notice of Findings Regarding Commercial Availability

参考文献一覧

of Non-U.S. Satellite Imagery With Respect to Israel, Federal Register Vol. 85, No. 140, 21 July 2020.

④ フランス

Code de la Recherche

Loi n°2008-518 du 3 juin 2008 relative aux opérations spatiales

LOI n° 2008-1443 du 30 décembre 2008 de finances rectificative pour 2008（1）

Décret n° 2009-643 du 9 juin 2009 relatif aux autorisations délivrées en application de la loi n° 2008-518 du 3 juin 2008 relative aux opérations spatiales

Décret n° 2009-640 du 9 juin 2009 portant application des dispositions prévues au titre VII de la loi n° 2008-518 du 3 juin 2008 relative aux opérations spatiales

Arrêté du 28 juin 2024 modifiant l'arrêté du 31 mars 2011 relatif à la réglementation technique en application du décret n° 2009-643 du 9 juin 2009 relatif aux autorisations délivrées en application de la loi n° 2008-518 du 3 juin 2008 relative aux opérations spatiales

⑤ 英国

Outer Space Act 1986, 1986 CHAPTER 38.

Space Industry Act 2018, 2018 CHAPTER 5.

The Space Industry Regulations 2021, No.792（2021）.

Space（Launched Returns）（Insurance）Rules 2019

⑥ ドイツ

Act to give Protection against the Security Risk to the Federal Republic of Germany by the Dissemination of High-Grade Earth RemoteSensing Data（Satellite Data Security Act - SatDSiG）", *Federal Gazette (BGBl)* 2590 Year 2007, Part I No. 58, 23 November 2007）

⑦ カナダ

Remote Sensing Space Systems Act, S.C. 2005, c. 45, 2005

Remote Sensing Space Systems Regulations, SOR/2007-66, 2007

⑧ ルクセンブルク

Loi du 20 juillet 2017 sur l'exploration et l'utilisation des ressources de l'espace, *Journal officiel du Grand-Duché de Luxembourg*, No 674 du 28 juillet 2017

4 判例

Trail Smelter case (United States v Canada), Report of International Arbitral Awards 3 RIAA 1905, (International Arbitration Tribunal 11 March 1941).

Legality of the Threat or Use of Nuclear Weapons, Advisory Opinion, I.C.J. Reports 1996.

Case Concerning Pulp Mills on the River Uruguay (Argentina v. Uruguay), Judgment, I.C.J. Reports 2010.

Award in the Arbitration regarding the Chagos Marine Protected Area between Mauritius and United Kingdom of Great Britain amol Northern Irelanel, Reponts of International Arbitral Awards, Vol.31, pp.359-606, esp. pp.571-572, (Permanent Court of Arbitration, 18 March 2015). ILC, "Draft Articles on Prevention of Transboundary Harm from Hazardous Activities", Commentary to art.3.

Case Concerning Whaling in the Antarctic (Australia v. Japan: New Zealand intervening),

Judgment, I.C.J. Reports 2014.

5 　国連・政府文書等
① 　国　　連
UNOOSA, Annual Report 2020, U.N. Doc. ST/SPACE/78（2021）.
U.N. Doc. ST/SG/SER.E/1011, 22 October 2021.
UNOOSA, "United Nations/Japan Cooperation Programme on CubeSat Deployment from the International Space Station（ISS）Japanese Experiment Module（Kibo）'KiboCUBE' Seventh Round Announcement of Opportunity", 14 July 2021.
U.N. Doc. ST/SG/SER.E/970, 16 February 2021.
U.N. Doc. UNOOSA/REG/FRM/1（2020）.
U.N. Doc. ST/SG/SER.E/940, 29 May 2020.
U.N. Doc. ST/SG/SER.E/930, 13 March 2020
Guidelines for the long-term sustainability of outer space activities, U.N. Doc. A/74/20,（2019）, ANNEX II.
U.N. Doc. A/AC.105/INF/437, 10 July 2019.
COPUOS, "Report of the Legal Subcommittee on its fifty-seventh session", U.N. Doc. A/AC.105/1177（2018）
U.N. Doc. S/RES/2397（2017）, 22 December 2017.
U.N. Doc. ST/SG/SER.E/827, 24 November 2017.
U.N. Doc. S/RES/2371（2017）, 5 August 2017.
U.N. Doc. ST/SG/SER.E/808, 14 July 2017.
U.N. Doc. A/AC.105/INF/429, 26 April 2017.
U.N. Doc. ST/SG/SER.E/INF/32, 30 July 2015.
U.N. Doc. A/AC.105/C.2/2014/CRP.5, 17 March 2014
Russian Academy of Sciences Keldysh Institute of Applied Mathematics, "International Scientific Optical Network（ISON）activities on highly elliptical orbit（HEO）and geosynchronous orbit（GEO）observations and analysis in 2013", Technical Presentations made at the 51st session of the Scientific and Technical Subcommittee of COPUOS, 10-21 February 2014.
Recommendations on national legislation relevant to the peaceful exploration and use of outer space, U.N. Doc. A/RES/68/74, 16 December 2013.
U.N. Doc. A/AC.105/C.2/2012/LEG/L.1, 28 March 2012
National legislation and practice relating to definition and delimitation of outer space, U.N. Doc. A/AC.105/865/Add.11, 21 February 2012
U.N. Doc. S/RES/1874（2009）, 12 June 2009.
U.N. Doc. S/RES/1835（2008）, 27 September 2008.
U.N. Doc. A/62/20（2007）, Annex.
U.N. Doc. A/RES/62/101, 17 December 2007.
U.N. Doc. S/RES/1737（2006）, 27 December 2006.
U.N. Doc. S/RES/1718（2006）, 14 October 2006.
National legislation and practice relating to definition and delimitation of outer space, U.N.

参考文献一覧

Doc. A/AC.105/865/Add.1, 20 March 2006;
U.N. Doc. A/56/10（2001）, Supplement No. 10.
Declaration of Legal Principles Governing the Activities of States in the Exploration and Uses of Outer Space, U.N. Doc. A/RES/1962（XVIII）, 13 December 1963.

② 米　国

The Artemis Accords, 16 July 2022. available at https://www.nasa.gov/specials/artemis-accords/index.html.
"NonReimbursable Space Act Agreement between the National Aeronautics and Space Administration and Space Exploration Technologies Corp for Flight Safety Coordination with NASA Assets", 21January 2021
The President, "The National Space Policy", *Federal Register* Vol. 85 No. 242, 9 December 2020, pp. 81765-81773.
FCC, "Mitigation of Orbital Debris in the New Space Age", Federal Register, Vol. 85, No. 165, 25 August 2020.
Department of Commerce, NOAA, *Licensing of Private Remote Sensing Space Systems*, 15 CFR Part 960, Docket No.: 200407–0101, 20 May 2020.
FCC, "Report and Order and Further Notice of Proposed Rulemaking, No. FCC 20-54
NASA, "Selects First Commercial Destination Module for International Space Station", Release 20-007, 28 January 2020.
Space Policy Directive-3 of June 18, 2018-National Space Traffic Management Policy", *Federal Register* Vol. 83 No. 120, 18 June 2018, pp. 28969-28976
Space Policy Directive--2 of May 24, 2018-Streamlining Regulations on Commercial Use of Space", *Federal Register* Vol. 83 No. 104, 30 May 2018, pp. 24901-24903
United States Department of Defense & Office of the Director of National Intelligence, *National Security Space Strategy (Unclassified Summary)*, 2011.
United States Department of Defense, *Quadrennial Defense Review Report*, 2010
Nanoracks, LLC and NASA, Nonreimbursable Space Act Agreement between Nanoracks, LLC and NASA for Operation of the Nanoracks System aboard the International Space Station National Laboratory,（2009）

③ 英　国

UK Civil Aviation Authority, *UK Registry of Outer Space Objects*, CAP 2207, April 2022.
UK Civil Aviation Authority, *UK Supplementary Registry of Outer Space Objects*, CAP 2208, April 2022,
UK Civil Aviation Authority, et al.（eds.）, *Guidance for Orbital Operator licence applicants and Orbital Operator Licensees*, CAP 2210, 29 July 2021
UK Space Agency, et al., *Unlocking Commercial Spaceflight for the UK, Space Industry Regulations Consultations: summary of views received and the Government's response*, 5 March 2021
UK Space Agency, et al., *Unlocking Commercial Spaceflight for the UK, Consultation on draft insurance and liabilities requirements to implement the Space Industry Act 2018*, 10 November 2020.
UK Department for Transportation（eds.）, "Liabilities & Insurance 2020", DfT425, 12 Octo-

ber 2020.

UK Government, "National Space Policy", 13 December 2015.

④ 日　本

防衛省「宇宙（安全保障）に関する今後の取組報告」，第 46 回宇宙政策委員会宇宙安全保障部会，2022 年 3 月

宇宙基本計画工程表（令和 3 年度改訂），宇宙開発戦略本部決定，2021 年 12 月 28 日

JAXA「商業デブリ除去実証フェーズ I『周回観測』の画像を公開」，2024 年 7 月 30 日，available at https://www.jaxa.jp/press/2024/07/20240730-1_j.html

JAXA「新型宇宙ステーション補給機（HTV-X）の開発状況について」，第 60 回文部科学省科学技術・学術審議会研究計画・評価分科会宇宙開発利用部会，2021 年 2 月 9 日

軌道上サービスを実施する人工衛星の管理に係る許可に関するガイドライン（内閣府宇宙開発戦略推進事務局，令和 3 年 11 月 10 日，初版）

宇宙基本計画（令和 5 年 6 月 13 日閣議決定），2023 年

宇宙基本計画（令和 2 年 6 月 30 日閣議決定），2020 年

JAXA「米国における ISS の利用促進に関する取り組みについて」，第 33 回文部科学省科学技術・学術審議会研究計画・評価分科会宇宙開発利用部会 ISS・国際宇宙探査小委員会，2020 年 1 月 23 日．

宇宙物体登録に係る届出マニュアル（内閣府宇宙開発戦略推進事務局，令和元年 9 月 14 日，改訂第 1 版）

人工衛星等の打上げに係る許可に関するガイドライン（内閣府宇宙開発戦略推進事務局，令和元年 9 月 14 日，改訂第 2 版）

打上げ許可ガイドライン別紙「傷害予測数計算条件及び方法（ロケット）」（内閣府宇宙開発戦略推進事務局，令和元年 9 月 14 日（改訂第 1 版））

人工衛星の打上げ用ロケットの型式認定に関するガイドライン（内閣府宇宙開発戦略推進事務局，令和元年 9 月 14 日，改訂第 2 版）

打上げ施設の適合認定に関するガイドライン（内閣府宇宙開発戦略推進事務局，令和元年 9 月 14 日，改訂第 2 版）

人工衛星の管理に係る許可に関するガイドライン（内閣府宇宙開発戦略推進事務局，令和元年 9 月 14 日，改訂第 2 版）

人工衛星等の打上げ及び人工衛星の管理に関する法律に基づく審査基準・標準処理期間（内閣府宇宙開発戦略推進事務局，令和元年 8 月 1 日，改訂第 1 版）

人工衛星等の打上げ及び人工衛星の管理に関する法律に基づく第三者損害賠償制度に関するガイドライン（内閣府宇宙開発戦略推進事務局，令和元年 5 月 31 日，初版）

第 40 回総務省情報通信審議会情報通信技術分科会衛星通信システム委員会報告，2020 年

人工衛星の軌道上での第三者損害に対する政府補償の在り方（中間整理），宇宙政策委員会宇宙法制小委員会，2018 年 12 月 20 日

経済産業省「コンステレーションビジネス時代の到来を見据えた小型衛星・小型ロケットの技術戦略に関する研究会報告書」2018 年 5 月

内閣府宇宙戦略室，「宇宙活動法案における第三者損害賠償制度の在り方について（案）」第 6 回宇宙政策委員会宇宙産業・科学技術基盤部会宇宙法制小委員会，2015 年 11 月 4 日

郵政省「通信白書（昭和 52 年版）」（1977 年）

参考文献一覧

⑤ その他

European Commission, High Representative of the Union for Foreign Affairs and Security Policy, "An EU Approach for Space Traffic Management-An EU contribution addressing a global challenge", JOIN（2022）4 final, 15 February 2022.

"China launches space junk monitoring center", The Commissioner's Office of China's Foreign Ministry in the Hong Kong S.A.R, 10 June 2015

Federal Ministry of Economics and Technology of Germany, "National Data Security Policy for Space-Based Earth Remote Sensing Systems", 15 April 2008

International Maritime Organization, International Maritime Organization Assembly Resolution A.706（17）, 6 November 1991.

6　その他資料

Altius Space Machines, available at https://altius-space.com/technologies.html

Arianespace, "ARIANE 5", available at https://www.arianespace.com/vehicle/ariane-5/

Asianprofile「テレデシック」, available at https://www.asianprofile.wiki/wiki/Teledesic

Asianprofile「イリジウムコミュニケーションズ」, available at https://www.asianprofile.wiki/wiki/Iridium_Communications

Asianprofile「オーブコム」, available at https://www.asianprofile.wiki/wiki/Orbcomm

Astrobotic Technology, "Moon Manifest", available at https://www.astrobotic.com/lunar-delivery/manifest/

BBC, "International Space Station to crash down to Earth in 2031", 4 February 2022, available at https://www.bbc.com/news/science-environment-60246032

Board of Directors of the IISL, *Claims to Property Rights Regarding The Moon and Other Celestial Bodies*, Statement, 2009, available at https://iislweb.space/wp-content/uploads/2020/01/IISL_Outer_Space_Treaty_Statement.pdf

Board of Directors of the IISL, Consideration of the Interests of the Public and other Stakeholders in the Authorization and Continuing Supervision of Commercial Space Activities, Statement, 2021, available at https://iislweb.space/wp-content/uploads/2021/07/IISL_Statement_Authorization_and_continuing_supervision_2021.pdf

Boyle, Alan, "Bradford Space Group buys Deep Space Industries, shifting focus from asteroid mining to propulsion", *GeekWire*, 2 January 2019, available at https://www.geekwire.com/2019/bradford-buys-deep-space-industries-shifting-focus-asteroid-mining-green-propulsion/

Boyle, Alan, "One year after Planetary Resources faded into history, space mining retains its appeal", *GeekWire*, 4 November 2019 available at https://www.geekwire.com/2019/one-year-planetary-resources-faded-history-space-mining-retains-appeal/

Center for the Advancement of Science in Space, "ISS National Laboratory", available at https://www.issnationallab.org/

ClearSpace, "Clear Space Today", available at https://clearspace.today/

CONFERS, "CONFERS Recommended Design and Operational Practices", 1 October 2019, available at https://www.satelliteconfers.org/wp-content/uploads/2019/02/CONFERS-Operating-Practices-Approved-1-Feb-2019-003.pdf

"Cyclops: the Space Station Integrated Kinetic Launcher for Orbital Payload Systems (SSIK-LOPS)", Mechanical & Fluid Systems, 1 April 2016, available at https://www.techbriefs.com/component/content/article/tb/pub/techbriefs/mechanics-and-machinery/24258

DARPA, "Orbital Express", available at https://www.darpa.mil/about-us/timeline/orbital-express

DARPA, "Phoenix (Archived)", available at https://www.darpa.mil/program/phoenix

"D-Orbit Signs €2.2 Million Space Debris Removal Contract with ESA", SpaceWatch.Global, 9 September 2021, available at https://spacewatch.global/2021/09/d-orbit-signs-e22-million-space-debris-removal-contract-with-esa/

Erwin, Sandra, "Northrop Grumman to launch new satellite-servicing robot aimed at commercial and government market", SpaceNews, 23 September 2021, available at https://spacenews.com/northrop-grumman-to-launch-new-satellite-servicing-robot-aimed-at-commercial-and-government-market/

Erwin, Sandra, "Space Fence surveillance radar site declared operational", *SpaceNews*, 28 March 2020, available at https://spacenews.com/space-fence-surveillance-radar-site-declared-operational/

Erwin, Sandra, "Space Force extends L3Harris' contract to upgrade space tracking system", *SpaceNews*, 3 February 2022, available at https://spacenews.com/space-force-extends-l3harris-contract-to-upgrade-space-tracking-system/

Erwin, Sandra, "Defense, Commerce Departments select companies to prototype space traffic management solutions", *SpaceNews,* 6 December 2022, available at https://spacenews.com/defense-commerce-departments-select-companies-to-prototype-space-traffic-management-solutions/

Erwin, Sandra, "Air Force: SSA is no more; it's 'Space Domain Awareness'", *SpaceNews*, 14 November 2019, available at https://spacenews.com/air-force-ssa-is-no-more-its-space-domain-awareness/

ESA, "ConeXpress-Orbital Life Extension Vehicle (CX-OLEV)", available at https://artes.esa.int/projects/conexpressorbital-life-extension-vehicle-cxolev

ESA, "ISS Utilization: Kaber (NanoRacks Microsat Deployer System)", available at https://directory.eoportal.org/web/eoportal/satellite-missions/i/iss-kaber

ESA, "ISS Utilization: NanoRacks Bishop Airlock Module", available at https://directory.eoportal.org/web/eoportal/satellite-missions/i/iss-bishop-airlock

ESA, "ISS Utilization: NanoRacks Bishop Airlock Module", available at https://directory.eoportal.org/web/eoportal/satellite-missions/i/iss-bishop-airlock

ESA, "ISS: Bartolomeo", available at https://www.eoportal.org/satellite-missions/iss-bartolomeo#iss-utilization-bartolomeo---external-payload-hosting-platform

ESA, "NEOSSat", available at https://directory.eoportal.org/web/eoportal/satellite-missions/n/neossat

ESA, "Space Fence", available at https://directory.eoportal.org/web/eoportal/satellite-missions/s/space-fence

ExoAnalytic Solutions, "Space Domain Awareness", available at https://exoanalytic.com/space-domain-awareness/

参考文献一覧

Exolaunch, available at https://exolaunch.com/index.html
FAA, "Licensed Launches", available at https://www.faa.gov/data_research/commercial_space_data/launches/
Firefly, "Firefly's Space Utility Vehicle (SUV)", available at https://firefly.com/launch-suv/
JeffFoust, "Electron launches NorthStar satellites in latest recovery test", *SpaceNews*, 31 January 2024, available at https://spacenews.com/electron-lannd-northstar-satellitos-in-latest-recovery-test/.
Foust, Jeff, "FCC approves new orbital debris rule", *SpaceNews*, 29 February 2022, available at https://spacenews.com/fcc-approves-new-orbital-debris-rule/?preview_id=132438.
Foust, Jeff, "Luxembourg adopts space resources law", *SpaceNews*, 17 January 2017, available at https://spacenews.com/luxembourg-adopts-space-resources-law/
Foust, Jeff, "Momentus receives approvals for first tug launch", *SpaceNews*, 9 May 2022, available at https://spacenews.com/momentus-receives-approvals-for-first-tug-launch/
Foust, Jeff, "Nanoracks finalizing space station airlock and new funding round", *SpaceNews*, 16 September 2020, available at https://spacenews.com/nanoracks-finalizing-space-station-airlock-and-new-funding-round/
Foust, Jeff, "NOAA seeking information on commercial space situational awareness data", *SpaceNews*, 23 February 2022, available at https://spacenews.com/noaa-seeking-information-on-commercial-space-situational-awareness-data/
Foust, Jeff, "Report recommends civil agency for space traffic management", *SpaceNews*, 28 December 2016, available at https://spacenews.com/report-recommends-civil-agency-for-space-traffic-management/
Foust, Jeff, "First African nations sign Artemis Accords", *SpaceNews*, 13 December 2022, available at https://spacenews.com/first-african-nations-sign-artemis-accords/
Globalstar「Globalstarについて」, available at https://www.globalstar.co.jp/about/
Gola, Henry and Hindin, Jennifer D., "FCC Announces Effective Dates for Earth Station Build-Out Rules and Some, But Not All, Orbital Debris Mitigation Disclosure Rules", Wiley Rein LLP, 21 September 2021, available at https://www.wiley.law/alert-FCC-Announces-Effective-Dates-for-Earth-Station-Build-Out-Rules-and-Some-But-Not-All-Orbital-Debris-Mitigation-Disclosure-Rules
Henry, Caleb, "Airbus impressed by Northrop Grumman, but remains undecided on satellite servicing", *SpaceNews*, 11 March 2020, available at https://spacenews.com/airbus-impressed-by-northrop-grumman-but-remains-undecided-on-satellite-servicing/
Henry, Caleb, "Tethers Unlimited developing satellite servicer for LEO missions", *SpaceNews*, 21 May 2019, available at https://spacenews.com/tethers-unlimited-developing-satellite-servicer-for-leo-missions/
Hitchens, Theresa, "DARPA, SpaceLogistics step toward 2025 launch of orbital robotic 'mechanic' for satellites", *Breaking Defense*, 20 June 2023, available at https://breakingdefense.com/2023/06/darpa-spacelogistics-step-toward-2025-launch-of-orbital-robotic-mechanic-for-satellites/
IADC Steering Group, "IADC Statement on Large Constellations of Satellites in Low Earth Orbit", IADC-15-03, Rev. 4, 10 November 2017.

Infinite Orbits, available at https://www.infiniteorbits.io

iSpace, "Project", available at https://ispace-inc.com/jpn/project/

"Japan's space debris remover Astroscale secures $109M, brings valuation to $295M", *The Bridge*, 27 November 2021, available at https://thebridge.jp/en/2021/11/astroscale-series-f-round-funding

Jones, Rod, "International Space Station Overview Research and On-Orbit Facilities Non-Partner Participation", NASA ISS Payloads Office, (2011), available at https://www.nasa.gov/pdf/558162main_ISS%20Overview_HSTI.pdf

Krebs, Gunter D., "DART", available at https://space.skyrocket.de/doc_sdat/dart.htm

Krebs, Gunter D., "XSS 11", available at https://space.skyrocket.de/doc_sdat/xss-11.htm

Krebs, Gunter D., "BATSAT (Teledesic T1)", available at https://space.skyrocket.de/doc_sdat/batsat_t1.htm

Kratos Defense, "RF Space Domain Awareness Services", available at https://www.kratosdefense.com/

Kulu, Erik, "NewSpace Index - NewSpace Constellations", available at https://www.newspace.im/

LeoLabs, "LeoLabs Commits to Australia as Strategic Site for Next Space Radar", 19 October 2021, available at https://www.leolabs.space/wp-content/uploads/2021/10/Press-Release-Final-19Oct21-LeoLabs-Commits-to-Australia-as-Strategic-Site-for-Next-Space-Radar.pdf

MarineTraffic, "Odyssey", available at https://www.marinetraffic.com/en/ais/details/ships/shipid:752792/mmsi:636010468/imo:8753196/vessel:ODYSSEY

Morgan Stanley, "Space: Investing in the Final Frontier", 24 June 2020, available at https://www.morganstanley.com/ideas/investing-in-space

Nalda, Carlos & White, Jennifer, "The FCC and Commercial Space - Partners in Progress or Collision Course?", LMI Advisors, 24 April 24 2020, available at https://www.lmiadvisors.com/the-fcc-and-commercial-space-partners-in-progress-or-collision-course/

Nanoracks, available at https://nanoracks.com/

Nanoracks, "How Deploying Your Satellite from the International Space Station Brings Value to Your Organization", available at https://nanoracks.com/products/iss-launch/

NanoRacks, NanoRacks CubeSat Deployer (NRCSD) Interface Definition Document (IDD), NR-NRCSD-S0003, 29 May 2018.

NanoRacks, NanoRacks DoubleWide Deployer (NRDD) System Interface Definition Document (IDD), NR-NRCSD-S0002, Rev. A, 22 September 2017.

NanoRacks, NanoRacks External CubeSat Deployer (NRCSD-E) Interface Definition Document (IDD), NR-NRCSD-S0004, 31 August 2018.

NASA, "Demonstration of integrated Standard Imager for Microsatellites", available at https://www.nasa.gov/mission_pages/station/research/experiments/explorer/Investigation.html?#id=8028

NASA, "Moon Express Concept for a Commercial Lunar Lander", available at https://www.nasa.gov/image-feature/moon-express-concept-for-a-commercial-lunar-lander

NASA, "On-Orbit Servicing, Assembly, and Manufacturing 1 (OSAM-1)", available at https://www.nasa.gov/mission/on-orbit-servicing-assembly-and-manufacturing-1/

参考文献一覧

NASA, "Visiting Vehicles Launches, Arrivals and Departures", available at https://www.nasa.gov/feature/visiting-vehicle-launches-arrivals-and-departures

"NOAA Selects SpaceNav for Advanced SSA Services", *SpaceNav*, 8 August 2019, available at https://www.space-nav.com/news/

Numerica, "Space Domain Awareness", available at https://www.numerica.us/sda/

Numerica, "Numerica expands first-ever daytime satellite tracking service and receives patent", 28 August 2020, available at https://www.numerica.us/numerica-expands-first-ever-daytime-satellite-tracking-service-and-receives-patent/

Orbit Fab, available at https://www.orbitfab.com/

Park, Si-soo, "Hanwha Systems to launch 2,000 LEO communications satellites by 2030", *SpaceNews*, 30 March 2021, available at https://spacenews.com/hanwha-systems-to-launch-2000-leo-communications-satellites-by-2030/

Rainbow, Jason, "Eutelsat scales back OneWeb Gen 2 upgrade plan", *SpaceNews*, 16 February 2024, available at https://spacenews.com/eutelsat-scales-back-oneweb-gen-2-upgrade-plan/

Rainbow, Jason, "Beta Project Kuiper broadband services pushed to early 2025", *SpaceNews*, 27 June 2024, available at https://spacenews.com/beta-project-kuiper-broadband-services-pushed-to-early-2025/

Rainbow, Jason, "FCC approves Starlink first generation upgrade plan", *SpaceNews*, 20 August 2024, available at https://spacenews.com/fcc-approves-starlink-first-generation-upgrade-plan/

Rainbow, Jason, "NorthStar SSA and Earth intelligence constellation gets key government approval", *SpaceNews*, 24 August 2021, available at https://spacenews.com/northstar-ssa-and-earth-intelligence-constellation-gets-key-government-approval/

Redwire, available at https://redwirespace.com/

Satlantis, "Flight Heritage", available at https://satlantis.com/flight-heritage/

Smith, Marcia, "Hyten, Bridenstine: No Time to Waste Getting Civil SSA Agency", *SpacePolicyOnline*, 22 June 2018, available at https://spacepolicyonline.com/news/hyten-bridenstine-no-time-to-waste-getting-civil-ssa-agency/

Space X, "FALCON HEAVY", available at https://www.spacex.com/vehicles/falcon-heavy/

Spaceflight, available at https://spaceflight.com/

SpaceIL, "Beresheet 1", available at https://www.eng.spaceil.com/beresheet-1

SpaceX, "Starlink", available at https://www.starlink.com/satellites

Starfish Space, "Starfish Space Raises $7M to Develop the Otter Space Tug", 29 September 2021, available at https://www.starfishspace.com/post/starfish-space-raises-7m-to-develop-the-otter-space-tug

Sundahl, Mark, "Op-Ed-Don't muddy the message to space mining companies", *SpaceNews*, 9 June 2016, available at https://spacenews.com/op-ed-dont-muddy-the-message-to-space-mining-companies/

ThalesAlenia Space, "EROSS+: Thales Alenia Space and Its Partners will Lead An Horizon 2020 Project Dedicated to on-Orbit Servicing", 11 January 2021, available at https://www.thalesgroup.com/en/worldwide/space/press-release/eross-thales-alenia-space-and-its-partners-will-lead-horizon-2020

"The draft law on remote sensing of the Earth was submitted for public discussion", *TASS Russian news agency*, 4 June 2021, available at https://vpk.name/en/513496_the-draft-law-on-remote-sensing-of-the-earth-was-submitted-for-public-discussion.html

Theresa Hitchens, "Near-Term Funds For Second Space Fence Radar Uncertain", *Breaking Defense*, 25 August 2021, available at https://breakingdefense.com/2021/08/near-term-funds-for-second-space-fence-radar-uncertain/

U.S. Small Business Adinistration, "Small Satellite System for Space Surveillance", available at https://www.sbir.gov/sbirsearch/detail/1489097

UNOOSA, available at https://www.unoosa.org/oosa/en/

UNOOSA, Online Index of Objects Launched into Outer Space, available at https://www.unoosa.org/oosa/osoindex/

"User Agreement", available at https://www.space-track.org/documentation#/user_agree

Vergano, Dan「小型衛星の放出，若田宇宙飛行士が実施」，Nikkei National Geographic, 2014年2月18日，available at https://natgeo.nikkeibp.co.jp/nng/article/news/14/8906/

Vision Engineering Solutions, available at https://vision.engineering/

Voyager Space Holdings, available at https://voyagerspace.com/technology-solutions/

Wall, Mike, "'The Beginning of an Industry': Second Asteroid-mining Company Enters the Picture", *SpaceNews*, 22 January 2013, available at https://spacenews.com/the-beginning-of-an-industry%e2%80%82second-asteroid-mining-company-enters-the-picture/

Weeden, Brian, "Space Situational Awareness: Examining Key Issues and the Changing Landscape", Hearing of the Subcommittee on Space and Aeronautics, U.S. House of Representatives, 11 February 2020, available at https://swfound.org/media/206932/weeden_house_ssa_testimony_written_feb2020.pdf

Werner, Debra, "The more things change: Ansys acquisition isn't likely to alter AGI or Comspoc", SpaceNews, 21 December 2020, available at https://spacenews.com/the-more-things-change-ansys-acquisition-isnt-likely-to-alter-agi-or-comspoc/

Wilkers, Ross, "L3 acquires space tech firm Applied Defense Solutions", *Washington Technology*, 2 July 2018, available at https://washingtontechnology.com/2018/07/l3-acquires-space-tech-firm-applied-defense-solutions/348168/

Wolf, Thomas et al., "DEOS-The In-flight Technology Demonstration of German's Robotics Approach to Dispose Malfunctioned Satellites", 11th Symposium on Advanced Space Technologies in Robotics and Automation, 12-14 April 2011, available at http://robotics.estec.esa.int/ASTRA/Astra2011/Presentations/Plenary%202/04_wolf.pdf

青葉やまと「中国の『始末屋』衛星，死んだGPS衛星を墓場軌道に引きずり込む」，ニューズウィーク日本版，2022年2月28日，available at https://www.newsweekjapan.jp/stories/world/2022/02/gps-4_2.php

アストロスケール「アストロスケール米国とOrbit Fab，初となる衛星への燃料補給契約を締結」，2022年1月11日，available at https://astroscale.com/ja/astroscale-u-s-and-orbit-fab-sign-first-on-orbit-satellite-fuel-sale-agreement/

石井由梨佳「『先端的な宇宙活動に関する法的課題』研究会成果報告」慶應義塾大学宇宙法研究センター第13回宇宙法シンポジウム，2022年2月28日，available at https://space-law.keio.ac.jp/pdf/symposium/symposium_20220228_04.pdf

参考文献一覧

石橋亮介「前沢友作さんが地球に帰還 『あっという間の 12 日間でした』」、朝日新聞デジタル、2021 年 12 月 20 日、available at https://www.asahi.com/articles/ASPDN2VVXPD-MUHBI02P.html

一般財団法人日本宇宙フォーラム「財団について」、available at https://www.jsforum.or.jp/outline/history.html

一般社団法人日本航空宇宙学会「JSASS 宇宙ビジョン 2050（増補版追加・修正）」（2021 年 7 月）

「『宇宙開発は合法的権利』北朝鮮が主張」、日本経済新聞電子版、2017 年 12 月 25 日、available at https://www.nikkei.com/news/print-article/?R_FLG=0&bf=0&ng=DGX-MZO25043110V21C17A2FF2000

オーブコムジャパン株式会社「衛星について」、available at https://www.orbcomm.co.jp/info/satellite.html

河合宣行（KDDI 株式会社技術統括本部グローバル技術・運用本部副本部長）「ITU-R 活動の動向」、日本衛星ビジネス協会講演会、2020 年 12 月 3 日、available at http://www.ss-pi-tokyo.org/archives/doc/pdf/doc201203.pdf

海上保安庁海洋情報部、available at https://www1.kaiho.mlit.go.jp/kokusai.html

株式会社 ElevationSpace「ElevationSpace・Space BD『ポスト ISS 時代』における日本初の宇宙利用プラットフォーム開発に向け共創開始」、2021 年 6 月 23 日、available at https://prtimes.jp/main/html/rd/p/000000006.000074085.html

株式会社アストロスケール「令和元年度内外一体の経済成長戦略構築にかかる国際経済調査事業（宇宙状況把握データプラットフォーム形成に向けた各国動向調査）調査報告書」、2020 年 2 月、available at https://www.meti.go.jp/meti_lib/report/2019FY/itakuichiran-2019FY.pdf

株式会社スカパーJSAT ホールディングス「世界初、宇宙ごみをレーザーで除去する衛星を設計・開発」、2020 年 6 月 11 日、available at https://www.skyperfectjsat.space/news/detail/sdgs.html

兼松株式会社「商用宇宙ステーション利用による事業開発に向けた業務提携について」、2021 年 9 月 8 日、available at https://www.kanematsu.co.jp/press/20210908_002723.html

菊地耕一「軌道上サービスの規範とルール ── 宇宙活動法申請ガイドラインの概要 ── 」、2021 年度第 1 回宇宙法ミニセミナー、2021 年 12 月 14 日、available at https://space-law.keio.ac.jp/pdf/symposium/symposium_20211214.pdf

菊地耕一「深宇宙のガバナンス ── 国際宇宙法とアルテミスアコード ── 」、2020 年度第 1 回宇宙法ミニセミナー、慶応義塾大学宇宙法研究センター、2020 年 11 月 27 日、available at http://space-law.keio.ac.jp/symposium.html#a12

「空自『宇宙作戦群』が発足…宇宙ゴミや外国衛星の動き監視」、読売新聞オンライン、2022 年 3 月 18 日、available at https://www.yomiuri.co.jp/national/20220318-OYT1T50232/

国立研究開発法人情報通信研究機構（北米連携センター）『米衛星コンステレーション計画についての動向調査』2020 年 3 月、available at https://www.nict.go.jp/global/ld-e9n2000000bmum-att/satellite_report.pdf

重田麻紀子「軌道上サービスに起因する第三者賠償責任をめぐる法的課題」『空法』63 号（2023 年）37-64 頁

杉山昇一「航空自衛隊、LeoLabs 社と契約（伊藤忠航空株式会社を通じて）」、「防衛技術関

連情報レポート」, 2022 年 5 月 26.
「スタートラッカを用いた宇宙状況監視による衛星衝突回避 SaaS」, S-Booster 2021, 内閣府宇宙開発戦略推進事務局, 2021 年 12 月 17 日, available at https://s-booster.jp/2021/final/index.html
「スペース X, 衛星 143 機の同時打ち上げに成功『史上最多』」, AFP BB News, 2021 年 1 月 25 日, available at https://www.afpbb.com/articles/-/3328132
竹内悠「持続可能な宇宙活動の規範的展開」, 第 65 回宇宙科学技術連合講演会, 2021 年 11 月 10 日.
中央学院大学地方自治研究センター編『宇宙法データベース』, available at https://www.jaxa.jp/library/space_law/chapter_3/3-2-2-5_j.html
松村武宏「ISS に新エアロック『ビショップ』設置, 超小型衛星放出や科学実験用」, SORAE, 2021 年 1 月 6 日, available at https://sorae.info/space/20210106-nanoracks-bishop-airlock.html
丸紅株式会社「イタリア・D-Orbit 社との小型衛星打上げ関連サービスに係わる販売代理店契約の締結について」, 2021 年 2 月 25 日, available at https://www.marubeni.com/jp/news/2021/release/00016.html
三井物産株式会社「衛星ライドシェアサービスを展開する米国の Spaceflight を買収」, 2020 年 2 月 12 日, available at https://www.mitsui.com/jp/ja/topics/2020/1230732_11239.html
三菱電機株式会社, 迎久幸「衛星コンステレーション形成システム, 衛星コンステレーション形成方法, デブリ除去方式, 衛星コンステレーション構築方式, 地上設備, 宇宙交通管理システム, 宇宙物体管理部, および軌道降下時衝突回避運用方法」WO2020-158505 (JP2020001901), 2020 年 8 月 6 日.
三菱電機株式会社, 迎久幸「監視制御装置, 監視システム, 人工衛星および地上設備」特開 2021-138268, 2021 年 09 月 16 日
文部科学省「国際宇宙ステーション (ISS) 計画概要」, 2014 年 9 月 29 日, available at https://www.mext.go.jp/component/b_menu/shingi/toushin/__icsFiles/afieldfile/2014/09/29/1352168_2.pdf
李燕「衛星インターネット通信網の構築計画が始動 (中国)」, 日本貿易振興会 (JETRO) 地域・分析レポート, 2024 年 9 月 26 日, available at https://www.jetro.go.jp/biz/areareports/2024/cd7942c03efe43ac.html
JAXA「きぼう利用テーマ 地球観測」, available at https://humans-in-space.jaxa.jp/kibouser/subject/tag_13.html
JAXA「小型衛星放出機構 (J-SSOD)」, available at https://humans-in-space.jaxa.jp/biz-lab/experiment/ef/jssod/
JAXA「『きぼう』利用制度」, available at https://humans-in-space.jaxa.jp/kibouser/provide/
JAXA「宇宙状況把握 (SSA) システム」, available at https://www.jaxa.jp/projects/ssa/
JAXA「技術試験衛星 VII 型『きく 7 号』(ETS-VII)」, available at https://www.jaxa.jp/projects/sat/ets7/index_j.html
JAXA「国際宇宙ステーション (ISS)・『きぼう』日本実験棟からの超小型衛星放出事業民間事業者の選定結果 (『きぼう』利用初の民間開放) について」, 2018 年 5 月 29 日, available at https://www.jaxa.jp/press/2018/05/20180529_microsat_j.html
JAXA「国際宇宙ステーション (ISS) とは」, available at https://humans-in-space.jaxa.jp/iss/

参考文献一覧

about/
- JAXA「国際標準実験ラック（ISPR）」, available at https://iss.jaxa.jp/kiboexp/equipment/pm/ispr/
- JAXA「船内実験装置」, available at https://iss.jaxa.jp/kiboexp/equipment/pm
- JAXA「低軌道，宇宙デブリ観測」, available at https://www.aero.jaxa.jp/spsite/rensai/column/27.html
- JAXA「JEM 搭載小型衛星放出機構」, available at https://humans-in-space.jaxa.jp/kibouser/provide/j-ssod/
- JAXA「発展途上国等の宇宙関連技術向上への貢献等を目指した『きぼう』からの超小型衛星放出の利用機会提供に係る国連宇宙部と JAXA との連携協力の開始について」, 2015 年 9 月 8 日, available at https://www.jaxa.jp/press/2015/09/20150908_unoosa_j.html
- JAXA「JEM ペイロードアコモデーションハンドブック -Vol.8- 超小型衛星放出インタフェース管理仕様書」, JX-ESPC-101132-0D, 2020 年 5 月
- JAXA「超低高度衛星技術試験機「つばめ」（SLATS）がギネス世界記録（R）に認定されました」, 2019 年 12 月 24 日, available at https://www.jaxa.jp/press/2019/12/20191224a_j.html
- JAXA 有人宇宙技術部門,「きぼう利用戦略（第 3 版）」, 2020 年 3 月, available at https://humans-in-space.jaxa.jp/kibouser/information/scheme/
- 「NZ も宇宙開発競争に参戦，民間企業がロケット打ち上げ成功」, AFP BBNews, 2017 年 5 月 27 日, available at https://www.afpbb.com/articles/-/3129620
- 「SoftBank Group が OneWeb に再度出資を発表」宙畑, 2021 年 1 月 18 日, available at https://sorabatake.jp/17663/
- 「21 億円の月面探査レースは『勝者なし』で終了，しかし挑戦続ける日本チーム」, AERA, 2018 年 4 月 2 日, available at https://dot.asahi.com/aera/2018032700032.html

参考資料　国内法令における許認可関連基準（要約）

1　日　本
(1) 打上げ許可基準
　ロケットの設計（審査基準　法6条1号関係）
　　・打ち上げ可能な飛行能力を備えた設計であること
　　・着火装置等の安全措置が2つ以上の故障を許容する安全性を備えていること
　　・飛行安全管制の機能を備えていること
　　・飛行中断機能及び手順を備えていること
　　・飛行中断措置の信頼性が0.999以上でかつ多重化していること
　　・衛星分離時のデブリ抑制措置を備えていること
　　・軌道投入段のデブリ抑制措置を備えていること
　打上げ計画（審査基準　法6条3号関係）
　　・保安及び危険作業の実施に対する防災体制が整備されていること
　　・火薬類，高圧ガス等危険物の取扱安全措置が施されていること
　　・分離物の落下予想区域が陸地から十分に離れており外国領域に干渉しないこと
　　・落下予測点軌跡の分散範囲が人口稠密地域から離れて通過する飛行経路を設定して異常時においても傷害予測数（EC）が1×10^{-4}以下であること
　　・落下限界線及び打上げ警戒区域を設定すること
　　・航空機や船舶等へ事前通報すること
　　・軌道上の有人宇宙船との衝突を回避すること
　　・搭載される人工衛星を軌道に投入できる飛行計画とすること
　　・気象条件を踏まえた飛行成立性とすること
　　・飛行安全管制及び飛行中断の運用を実施すること
　　・海上浮遊物を回収すること
　　・軌道上デブリの発生を抑制すること
　　・軌道投入段を保護領域（低軌道及び静止軌道の高度35,786km±200kmかつ緯度±15度以内）から離脱させること（低軌道においては再突入を原則）
　　・打上げ計画を実行する体制を組織すること
　搭載される人工衛星の利用の目的及び方法（審査基準　法6条4号関係）
　　・宇宙基本法2条から7条の理念（平和利用，国民生活の向上，産業振興，人類社会の発展，国際協力及び環境への配慮）に則したものであること
　　・公共の安全の確保に支障を及ぼす恐れがないこと

参考資料　国内法令における許認可関連基準（要約）

軌道上及び地上へのリスク（打上げ許可ガイドライン別紙）
- 発射から飛行安全管制期間終了まで及び再突入において，EC による評価を行うこと
- EC が国際基準以内であることを確認し，必要に応じて制御再突入を実施して地上へのリスクを低減すること。なお，国際基準は 1×10^{-4} 以下が一般的である。

(2) 射場運用許可基準

打上げ施設（審査基準　法6条2号関係）
- 打上げ保安設備の警戒態勢が確保されていること
- ロケットに適合した発射装置を備えていること
- 着火装置等の安全が2つ以上の故障を許容する安全性を備えていること
- 飛行安全管制及び飛行中断措置のための設備を備えていること
- 重要システムの信頼性が0.999以上でかつ多重化していること

(3) 衛星管理許可基準

人工衛星の構造（審査基準　法22条2号関係）
- 意図しない物体を放出しないこと
- 分離又は結合時に他の人工衛星運用へ干渉しないこと
- 異常時の破砕を防止すること
- 再突入時の第三者損害を防止すること
- 他の天体由来物質による地球環境悪化を防止すること
- 他の天体の環境汚染を防止すること

人工衛星の管理計画（審査基準　法22条3号関係）
- 分離又は結合時に他の人工衛星運用へ干渉しないこと
- 異常時の破砕を防止すること
- 他の人工衛星等との衝突を回避すること
- 人工衛星管理体制を構築すること

終了措置（審査基準　法22条4号関係）
- 次のいずれかの措置をとること
① 着地又は着水地点の安全を確保した制御再突入
② 他の人工衛星運用に支障を及ぼさない軌道へ高度を上げる措置
③ 地球外天体の周回軌道への投入又は落下
④ 破砕防止のため残留エネルギーを排出して低軌道域からは25年以内，地球同期軌道からは速やかに離脱すること

軌道上及び地上へのリスク（衛星管理許可ガイドライン別紙）
- 人工衛星の管理期間中及び終了措置としての再突入において，大気圏通過中に完全に溶融しない場合，EC による評価を行うこと
- EC が国際基準以内であることを確認し，必要に応じて制御再突入を実施して地上へのリスクを低減すること。なお，国際基準は 1×10^{-4} 以下が一

参考資料　国内法令における許認可関連基準（要約）

般的である。

2　米　国
(1) 打上げ許可基準
安全基準（14 CFR § 450.101）
- 公衆に対する集団的リスクは，破片の衝突，有害物質の放出及び広域の爆風加圧のリスクによって算出されたECが，1×10^{-4}を上回ってはならない。
- すべての近隣運用要員に対する集団的リスクは，ECが2×10^{-4}を上回ってはならない。
- 公衆に対する個別リスクは，打上げごとに，ECが1×10^{-6}を上回ってはならない。
- すべての近隣運用要員に対する個別リスクは，ECが2×10^{-5}を上回ってはならない。
- 航空機に対する破片の衝突によるECは1×10^{-6}を上回ってはならない。
- 予め国が指定する重要資産（原子力施設，安全保障利用のペイロード等）に対する機能喪失リスクは，重要資産ごとに，ECが1×10^{-3}，重要ペイロードごとにECが1×10^{-4}を上回ってはならない。

打上げ及び帰還における有人宇宙物体との衝突回避（14 CFR §450.169）
- ECは，1×10^{-6}を上回ってはならない。
- 有人宇宙物体から放射状に，同一軌道においては200km，直行軌道では50kmの楕円安全距離をとらなければならない。
- 当該有人宇宙物体との間で，真円安全距離200kmをとらなければならない。

打上げ及び帰還における有人でない宇宙物体（デブリi を含む。）との衝突回避（14 CFR §450.169）
- ECは，1×10^{-5}を上回ってはならない。
- 当該宇宙物体との間で，真円安全距離25kmをとらなければならない。

重大な結果を招く事象への指定（14 CFR §450.101）
- 14 CFR §450.108の要求に従って，危機管理措置として飛行中断を行うこと
- 飛行中のあらゆる段階における傷害を発生させるすべての予測可能な故障モードの発生確率が1×10^{-3}を上回ってはならない。
- 打上げ及び帰還機体の飛行中の挙動に対する信頼性が十分に実証されたものであることデブリ発生防止（14 CFR §450.171）

---

i　FAA等政府機関によって識別されたデブリであって，レーダー断面積1平方メートル以上の大型デブリ，または，レーダー断面積0.1～1平方メートルの中型デブリ，と定義されている（14 CFR §450.169）。

参考資料　国内法令における許認可関連基準（要約）

- 残存エネルギー源によるデブリ発生を抑制すること
- 残存エネルギー源を消尽し，圧力バルブを開放し，すべてのバッテリーを永久放電状態とする等の措置によって蓄積エネルギー源をすべて除去すること

(2) 射場運用許可基準

射場設置位置（14 CFR§420.19 〜 420.31）
- 爆発時の破片拡散，飛行経路，リスク分析，周辺治安当局への情報提供等を考慮した十分な領域を確保していること

射場運用者の責任（14 CFR§420.51 〜 420.71）
- 一般公衆の立ち入り制限，運用スケジュールの策定，周辺の安全に対する通報，危険回避措置，爆発物及び危険物管理のための安全距離の確保，爆発物及び危険物の取扱資格を備えていること

(3) 衛星管理許可基準

デブリ発生防止（47 CFR §5.64 (b), §25.114 (d)(14), §97.207 (g)(1)）
- 定常運用時に放出するデブリを抑制すること
- 微小デブリや小天体との衝突によってデブリ化しないための措置を講じ，NASA の解析ソフトかそれより高精度のツールを用いて，衝突確率が 0.01 以下となること
- 運用中及び運用終了後の偶発的破砕の放出可能性を抑制し，運用中で 0.001 以下の発生確率とし，運用終了時には残存エネルギー源を消尽し，圧力バルブを開放し，すべてのバッテリーを永久放電状態とする等の措置によって蓄積エネルギー源をすべて除去すること

衝突回避措置（非静止軌道衛星）（47 CFR § 5.64 (b)(4), §25.114 (d)(14)(iv), §97.207 (g)(1)(iv)）
- 他の物体への衝突リスクに対する回避策のある軌道運用計画を示すこと
- 有人宇宙物体の軌道を通過する場合には，衝突リスク最小化の運用計画を示すこと
- 維持される計画の軌道情報（遠地点，近地点，軌道傾斜角及び昇交点赤経を含む。）を公表しなければならない。この軌道を維持しない場合（推進系を使用しない等）はその事実を公表しなければならない。その場合は軌道上での予測推移を示さなければならない。
- すべての衛星はそのマヌーバ能力を公表しなければならない。
- 高度 400km 以上の低軌道に投入される場合には衝突回避方法を計画しなければならない。
- 運用中に他の宇宙機や大型デブリとの衝突によってデブリ化しないための措置を講じ，NASA デブリ解析ソフトかそれより高精度のツールを用いて，衝突確率が 0.001 以下となること
- 合計の衝突確率が 0.001 を超える場合は，10 ％の故障率が最悪ケースで

参考資料　国内法令における許認可関連基準（要約）

あると仮定して，運用の想定故障確率と最も失敗が起きやすい運用を想定した総合故障確率を示さなければならない。
・SSA 機関からの接近解析警報を受領した場合，衝突リスク分析のためのあらゆる措置を講じて衝突リスク低減に努めなければならない。その手段は，当該警報に関係する衛星運用者への連絡とそれらからのより正確な情報の入手，宇宙機の軌道変更等とする。

衝突回避措置（静止軌道衛星）(47 CFR § 5.64 (b)(4), §25.114 (d)(14)(iv), §97.207 (g)(1)(iv))
・既存の静止軌道位置を確保している衛星に対する衝突回避の方法を示さなければならない。

追跡性の確保（47 CFR § 5.64 (b)(4), §25.114 (d)(14)(iv), §97.207 (g)(1)(iv)）
・（低軌道においては直径 10cm 以上であれば追跡可能であることを前提に，）運用者が当該衛星をどのように識別しようとしているか，衛星に対する追跡が能動的か受動的かを公表しなければならない。
・軌道投入後に第 18 宇宙管制中隊[ii]に登録することを公表しなければならない。
・初期投入軌道，軌道傾斜角及びマヌーバ計画について，第 18 宇宙管制中隊又は他の SSA 機関及び他の運用者に情報提供しなければならない。

運用計画の公表（47 CFR § 5.64 (b)(6), §25.114 (d)(14)(vi), §97.207 (g)(1)(vi)）
・接近運用計画は公表しなければならない。そこには，デブリを生成する可能性のある，計画的放出，偶発的爆発のリスク，偶発的衝突リスク及びそれらに対するリスク低減策も含めなければならない。

マヌーバ情報等の公表（47 CFR § 25.282）
・潜在的に他の衛星運用に影響を与える軌道上昇マヌーバ等の運用を実施する際は，運用者同士の調整を行わなければならない。

終了措置（47 CFR § 5.64 (b)(7), §25.114 (d)(14)(vii), §97.207 (g)(1)(vii)）
(i) 静止軌道衛星については廃棄軌道として選択した軌道とその軌道を導出した計算方法を公表すること
(ii) 2,000km 以下の高度で運用を終了する衛星は，大気圏再突入か直接回収を行うかを公表すること。なお，運用終了後軌道上に留まる想定期間も公表すること
(iii) 静止軌道衛星でなく，2,000km 以下の高度で運用終了して大気圏再突入または直接回収を行わない衛星については，廃棄軌道への投入または長期的な大気圏再突入を含む合理的な廃棄計画を公表すること

---

ii　SSA サービスを提供する米軍統合宇宙作戦センター（Combined Space Operations Center: CSPOC，第 2 部第 3 章第 1 節にて詳述）と協働する米国宇宙軍の部隊。

参考資料　国内法令における許認可関連基準（要約）

  (iv) 静止軌道衛星でない衛星については，以下の規定が追加的に適用される。
   (a) 選択した廃棄計画の成功確率が，個別宇宙機毎に 0.9 以上であることを示すこと。なお，複数の宇宙機によって構成される場合，全体システムにおける成功確率が 0.99 以上であることを目標とする努力を含む。上記（ii）に規制される低軌道にて運用を終了する宇宙機については，成功確率とは運用終了後 25 年以内の大気圏再突入を指す。上記（iii）に規制される宇宙機の成功確率はケースバイケースで評価される。
   (b) 大気圏再突入によって廃棄する場合，制御再突入か非制御再突入かを公表すること。また，大気圏再突入において地上に到達する破片の物理的エネルギーが 15 ジュールを超えないこと。個別宇宙機に対する NASA デブリ解析ソフト又はそれ以上の精度のツールによる EC が 0.0001 を超えないこと。複数の宇宙機で構成される場合は，個別宇宙機の EC の合計が 0.0001 を超えないこと。溶融しやすい材料の選定や制御再突入する等の EC を低減させる努力を運用計画に含めること

米国政府からの求償（47 CFR § 5.64（b）(7)，§25.114（d）(14)(vii)，§97.207（g）(1)(vii)）
 ・許可を受けた者は，宇宙条約に基づく米国政府に対する請求に基づく損害を賠償する責任を負う。

小型衛星に対する簡略手続き（47 CFR § 25.122, 25.123）
 ・以下の条件をすべて満たす場合は指定フォームによる簡略手続きが可能となる。
  (1) 静止軌道衛星でないこと
  (2) 軌道上寿命が 6 年以下であること
  (3)（i）軌道高度 600km 以下に投入されること，（ii）推進系を備えて推力による衝突回避及び廃棄措置が可能であること
  (4) 固有のテレメトリーにより，他の宇宙機と識別可能であること
  (5) 運用中にデブリを放出しないこと
  (6) 偶発的爆発を抑制していること
  (7) 他の宇宙機及び大型デブリとの衝突確率が 0.001 より小さいこと
  (8) 大気圏再突入により廃棄されること。その際の地上への EC がゼロであること
  (9) 現在運用されている宇宙機の運用と代替可能であり，将来の他衛星の運用を物理的に妨げないこと
  (10) 地上からコマンドを生成して直ちに制御可能であり，許可条件その他の規則によって要求された場合に運用者が有害な干渉を排除するための運用が可能であること

参考資料　国内法令における許認可関連基準（要約）

　　(11) 直径 10cm 以上であること
　　(12) 燃料を含めて 180kg 以下であること
　　(13) 小型デブリや小天体等の衝突によってデブリ化する確率が 0.01 以下であること
　　(14) SSA 機関からの接近解析警報を受領した場合，衝突リスク分析のためのあらゆる措置を講じて衝突リスク低減に努めること。その手段は，当該警報に関係する衛星運用者への連絡とそれらからのより正確な情報の入手，宇宙機の軌道変更等による。

3　フランス
(1) 打上げ許可基準
　ロケットシステム安全（技術規則決定 16 条）
　　　次の事項を証明しなければならない。
　　・採用した技術規範の参照先
　　・気象環境の考慮
　　・ミッションを遂行するためのロケットシステムとそのサブシステムの適合性
　　・製造，制御及び実施プロセスの管理並びに再現性
　　・信頼性評価を含む運用上の安全性解析の設計への適用
　　・再使用ロケット部品の飛行後の再検証
　　・打上げシステムリスク分析及び運用リスク分析から生じる措置の検討
　　・技術開発，製造，試験，飛行における各事象の処理結果の検討
　　・ロケットの再突入または無力化時の破片およびスペースデブリの発生シナリオ
　ミッション安全（技術規則決定 17 条）
　　　次の事項を証明しなければならない。
　　・ミッションに対するロケットの適合性
　　・軌道に投入される物体とロケットの設計との適合性
　　・ペイロードとロケットの適合性
　　・ミッションに使用されるロケットの性能の理論的定義への適合性
　　・ライセンスの対象となった構成からの逸脱および飛行中に記録されたパラメータによって逸脱が分析され，技術的に許容できるものであることの証明
　　・最適なミッションのための具体的な軌道計画
　　・正常飛行時の軌道を中心に軌道に投入するまでの飛行経路の設定
　　・航空，海上交通に対する情報提供
　　・軌道に乗せない要素の落下地点の設定
　　・軌道上に配置された要素の使用終了時期及び該当する場合は放射性降下

参考資料　国内法令における許認可関連基準（要約）

　　　物降下地点の設定
　　・飛行制御パラメータの設定
　　・該当する場合は再使用段を含むロケット飛行中断措置の搭載
異常時の措置（技術規則決定 18 条）
　　（打上げ段階）
　　・設定された飛行経路からの離脱，取り外す予定の部品の安全でない落下，計画外の飛行の挙動，上段機体の軌道投入失敗の事態における解析の実施により，衝突地点が想定軌道に沿って最初に遭遇する国の領海に接する前にロケットを無力化するための自動的な飛行中断措置を設定しなければならない。特に推力レベルや推力方向の制御に失敗した場合，軌道上のロケット構成部品が危険な状態になるような異常事態を引き起こす事例を解析し，軌道上に配置されたロケット構成部品の制御再突入を実現するための手段を提示しなければならない。
　　（制御再突入）
　　地上安全及び軌道上デブリ抑制のため，軌道上残存要素の制御再突入が可能な設計としなければならない。
地上リスク（技術規則決定 20 条）
　　・破局的損害のリスクの合計について，打上げ事業者は，少なくとも一つの損害が生じる EC（集団リスク）として表される以下の定量的目標を満たさなければならない。
　　　(a) 打上げ時のリスク：打上げ段階全体で 2×10^{-5} 以下。打上げシステムの劣化を考慮し，軌道に乗らずにロケットから分離すると予想される要素の落下物を含む。軌道に乗らずにロケットから切り離されると予想される要素については，要素落下重量当たり 10^{-7} 以下でなければならない。
　　　(b) 再突入時のリスク：軌道上から帰還する要素ごとに 2×10^{-5} 以下。標準的な要素の帰還について 10^{-7} 以下が特別に許容される。
　　　　・上記が正当な理由により不可能な場合，打上げ事業者は，軌道上に配置された各ロケット構成部品の帰還フェーズについて 10^{-4} 以下の目標を遵守するよう最善の努力を行う。その際，制御不能な再突入を行う軌道上の要素は，地上に到達する可能性のある破片の数とエネルギーを抑制しなければならない。
　　　(c) 再使用型ロケット部品の回収段階におけるリスク：
　　　　　再使用を意図した各ロケット要素の回収段階において，2×10^{-5} 以下。
傷害予測数計算方法（技術規則決定 20 条）
　　上記の EC は次の要素を考慮して算出する。
　　－破局的損傷の危険性があるすべての現象（上昇段階，分離した構成部分の落下，軌道上に置かれた構成部分の大気圏再突入，ロケット再使用ス

参考資料 国内法令における許認可関連基準（要約）

テージの回収）
- 大気圏再突入中の破壊前の軌道（飛行中の状態及び故障状態を含む。）
- ロケットの再突入や無力化に対応した破片の発生シナリオを想定
- 打上げ段階でのロケットの信頼性
- 制御再突入の場合，打ち上げられたロケットの推進要素の軌道離脱操作の信頼性

軌道上デブリ発生防止（技術規則決定21条）
・打上げ事業者が実施する打上げ機は，宇宙空間で活動する要素について，以下の規定に適合するように設計，製造，運用されなければならない。
1. ロケットは，ロケット及びその構成部品の耐用年数経過後も含め，運用期間中のデブリの発生を可能な限り抑制するように設計，製造及び運用すること。なお，火工品については最大寸法が1mmを超えるものを発生させてはならない。固体又はハイブリットロケットブースターについては保護軌道（低軌道[iii]，静止軌道[iv]の両方）において1mm以上の大きさの燃焼破片を発生させてはならない。
2. ロケットから地表に到達したデブリが，人，財産，公衆衛生又は環境，特に有害物質による環境汚染に過度の危険を及ぼさないように設計，製造及び運用されるものとする。
3. 偶発的な破砕の発生確率は，宇宙物体の寿命が尽きるまでECが10^{-3}以下でなければならない。その計算には，推進系，動力系，機構，構造物の故障モードが含まれるが，外部からの衝撃は考慮されないものとする。ロケット部品の意図的な破砕を禁止する。
4. ロケットは使用後にはすべての搭載エネルギーを消尽し，デブリを発生させる危険のない状態に置かれ，すべての発電装置が永久に使用不能となっていること。
5. 低軌道においては特に次の規定に適合していなければならない。
    ・ロケットは，打上げ段階の終了後，制御再突入するように設計，製造，運用されること。
    ・正当な理由があって上記に従うことができない場合には，例外的に打上げ段階の終了後25年以内に，その構成部品が保護軌道内に存在しなくなるように設計，製造及び運用されるものとする。これは，制御されない大気圏再突入によって達成される。運用者は軌道上残存期間が最小となるような措置を取り，打上げ終了後25年以内に低軌道域の通過を終えることが要求される。
6. 静止軌道においては特に次の規定に適合していなければならない。

[iii] 保護領域Aとして，高度2000km以下と規定している（技術規則決定第1条）。
[iv] 保護領域Bとして，高度35,786km±200km，軌道傾斜角±15度と規定している（技術規則決定第1条）。

参考資料　国内法令における許認可関連基準（要約）

・打上げ段階の終了後，静止軌道に含まれ又は通過する軌道に置かれた構成部分が，1年以上その領域に干渉しない軌道に置かれるように，ロケットの設計，製造及び運用を行わなければならない。この軌道は，自然擾乱下において，運用終了後100年以内にロケット又はその構成部品が静止軌道に帰還しないような軌道とすること。

・終了措置後，ロケット構成部分が目標とする軌道の離心率が0.25より大きい場合，自然の軌道擾乱とそれに伴う不確実性の影響を考慮し，少なくとも0.9の確率で前項の要件に適合できるものであること。

7. 打上げ事業者は，打上げを構成する物体が保護領域（低軌道，静止軌道の両方）に100年間入らないように確保しなければならない。そのため運用者は機体の加減速のいずれかの措置を取らなければならない。

8. 上記4，5及び6に掲げる終了措置運用の成功確率は，少なくとも0.9でなければならない。この確率は，宇宙機運用の全期間を対象に評価されなければならず，飛行が始まる前に，これらの運用に使用可能なすべてのシステム，サブシステム及び機器，それらの可能な冗長度及び信頼性を考慮し，これらの運用が計画されている時点で達成される経年変化の影響，並びにこれらの運用に必要な手段及びエネルギーの利用可能性を考慮して算出されなければならない。

9. 意図的な破砕は禁止する。

衝突の危険性の防止（技術規則決定22条）

・ロケットは，宇宙運用中および運用終了後の3日間において，軌道パラメータが正確に把握され利用可能な有人物体との偶発的な衝突のリスクを抑制するように設計，製造，実装され，運用されるものとする。

ロケット及びその破片による危険の防止（技術規則決定23条）

1. 打ち上げ段階で切り離すことを意図した部品を持つロケットや，制御再突入の一部として軌道上に置かれたロケット構成部品の場合，落下区域は，打上げ事業者によって制御されなければならない。これらは，99.999％の確率でいかなる国の領域にも干渉してはならない（その国の同意がある場合を除く。）。

2. 射場へ帰還するロケットの場合も上記1を適用する。

3. 落下地点が，交通や石油プラットフォーム等の存在する位置の場合，特別なリスク分析を実施しなければならない。

4. 打上げ事業者は，射場管理者であるCNES理事長が以下の事項を実施できるようにしなければならない。

　- 航空及び海洋の管制当局に，99％の正確性を備えた落下区域を通知すること。

　- 非常時において，関係国の当局にできるだけ早く落下区域を警告すること。

- 主管庁による必要な対応計画の策定と実施に必要なすべての関連情報を提供すること。

ロケット落下物等の回収（技術規則決定第 24 条）
1. いかなるロケットも，地表への落下を意図した構成部分が海上で遭難しても技術的リスクをもたらさないように設計，製造，運用されなければならない。海上遭難物は，航行，漁業または環境に対する障害または危険を構成してはならず，港，海峡または航路上の障害物となってはならない。
2. ロケット構成部分が回収される場合，異常分離であったとしても分離時点から安全化されていなければならない。

(2) 射場運用許可基準

ギアナ宇宙センターからの打上げ（技術規則決定 27 条）
- ギアナ宇宙センターから実施される運用の場合，ロケットは，CNES 理事長が発行するギアナ宇宙センター施設の運用を規制する命令に定められたシステムおよび手順に適合するように設計および製造されなければならない。

他の発射場からの打上げ（技術規則決定 27 条）
- フランス宇宙活動法 4 条 4 項に基づく外国の審査の対象となっている場合は，打上げ事業者は次の事項を証明しなければならない。
  - 射場システムおよび手順が技術規則決定の規定に適合していること。
  - ロケットが上記のシステムおよび手順に適合するように設計・製造されていること。
  - 無許可でのコマンド等が有効にならないようなサイバーセキュリティ措置が施されていること。

(3) 衛星管理許可基準

衛星の設計（技術規則決定 39 条，39-1 条）
- 運用中に運用者が衛星の状態に関する情報を受け取り，次の目的で運用に必要な指令を送ることができるように設計，製造及び実装されていなければならない。
  - 軌道上での衝突を防ぐこと。
  - 衛星の完全性を維持するために設計された，サービス停止やその他の操作を確実に実行できるようにすること。
- 打上げ前に計算された運用期間に必要な推進剤が，ミッション中から運用期間終了に至るまで常に利用可能である確率は，少なくとも 0.99 でなければならない。

宇宙環境の保護（技術規則決定 40 条，41-8 条〜41-12 条，48-7 条，40-2 条，48-6 条）
1. 宇宙物体の定常運用中にデブリを発生させないように設計，製造，実施

されなければならない。なお，
- 火工品は，最大寸法 1mm を超えるデブリを発生させてはならない。
- 保護領域（静止軌道，低軌道の両方）において固体またはハイブリット推進剤は，静止軌道において 1mm 以上の大きさの燃焼屑を発生させてはならない。ただし，追加推進モジュールの軌道上への放出は認められている。このモジュールは，宇宙物体として扱う。
2. 事故による破砕の発生確率は，宇宙物体の寿命が尽きるまで 10^{-3} 以下であること。その計算には，推進系，動力系，機構，構造物の故障モードが含まれなければならないが，外部からの影響は考慮されていない。このような故障につながる状況を発見した場合，運用者は破砕を回避するための措置を計画・実行できなければならない。
3. 宇宙物体は，運用終了措置に際して以下のような方法で設計，製造，実装されなければならない。
- 搭載されたすべてのエネルギーが永久に枯渇するか，またはデブリを発生させる危険のない状態に置かれること
- 搭載されたすべての発電装置が永久に停止されること。
- 全ての無線通信機能を永久に停止させること（制御再突入時を除く。）

・運用停止の義務（41-8条）
1. 宇宙システムは，運用段階が終了した時点で，以下のいずれかの措置をするように設計，製造，実施されなければならない。
- 地球の重力からの解放
- 大気圏再突入（制御の有無にかかわらず）
- 低軌道と静止軌道の間の墓地軌道への投入
- 静止軌道の上空の墓地軌道への投入
2. 低軌道に含まれる軌道又は低軌道を通過する軌道にある宇宙物体の場合，大気圏再突入による運用軌道からの離脱のみが許可される。
3. 運用期間中に静止軌道に含まれる軌道，または静止軌道を通過する軌道にある宇宙物体の場合：離脱操作後に宇宙物体が目標とする墓地軌道の離心率が 0.1 未満の場合，静止軌道の上空に遷移しなければならない。

・大気圏再突入前の最大軌道残留期間（41-9条）
宇宙物体の廃棄が大気圏再突入につながる場合，軌道上の残留期間は以下を超えることができない。
- 運用期間が1年未満のシステムの場合，3年。
- 運用期間の3倍であって25年を超えない期間。
この軌道上の残留時間は，機動能力がなくなった時点で考慮される。

・メガコンステレーション衛星の最大軌道残留期間（48-7条）
低軌道で運用されるメガコンステレーションの各衛星は，運用終了後の軌道上の残留期間を次のように制限しなければならない：

衛星総数が 1,000 未満のメガコンステレーション：5 年間；
衛星総数が 1,000 以上のメガコンステレーション：2 年間。
・低軌道と静止軌道の間の墓場軌道（41-10 条）
低軌道と静止軌道の間の墓場軌道は，自然擾乱とそれに伴う不確定要素の影響下において，運用終了後 100 年以内に，宇宙物体が低軌道又は静止軌道のいずれにも戻らず，これら 2 つの領域の間に既に存在する衛星群の運用軌道を妨害しないようなものでなければならない。
・静止軌道上空の墓場軌道（41-11 条）
静止軌道上空の墓場軌道は，自然擾乱とそれに伴う不確定要素の影響下において，運用終了後の 100 年以内に宇宙物体が静止軌道に戻らないように設定されなければならない。
・能動的デブリ除去のための装置（40-2 条）
どのような宇宙物体であっても，その運用を終了した後，能動的デブリ除去サービスによる捕獲の可能性を容易にするような方法で，設計，製造，または実施されなければならない。
・運用終了措置の信頼性（41-12 条）
運用終了措置（無力化及び軌道遷移を含む。）を成功裏に実施できる確率は，0.9 以上でなければならない。
・コンステレーションの衛星の運用終了確率（48-1 条）
コンステレーションの各衛星は，運用終了措置（無力化及び軌道遷移を含む。）を以下のルールに従って示す必要がある。
衛星の数（N）が 50 未満のコンステレーション：$P > 0.9 + N \times 0.001$
衛星の数（N）が 50 以上のコンステレーション：$P > 0.95$。
（ただし N は 10 以上とする。）
・メガコンステレーションの運用軌道前の重要なシステム試験（48-6 条）
メガコンステレーション（100 機以上）の衛星が運用軌道に到達する前に，運用終了に必要な装置の健全性試験を中間軌道から実施しなければならない。低軌道で運用される衛星においては，この中間軌道は 5 年未満で自然再突入を可能にし，運用軌道の近地点高度よりも低い高度でなければならない。

衝突回避（技術規則決定 41 条〜 41-7 条，48-4 条，41-13 条）
・宇宙システムは，運用中および運用終了後 3 日間，正確な軌道パラメータが知られ利用可能な有人物体との衝突リスクを制限するように設計，製造，実施されなければならない。
・マヌーバ可能な宇宙機は，衝突の危険を検知し，遠隔操作または自律的に他の物体との回避マヌーバを行うか，相手方物体の管制者と協調してどちらかの物体が回避マヌーバを行うことによって，その危険を管理する運用能力を持たなければならない。回避マヌーバ後の軌道は，衝突の

参考資料　国内法令における許認可関連基準（要約）

初期リスクを大幅に低減するものでなければならない。
- 宇宙機を軌道投入後最大5日以内に，又は同一事業者からの複数の衛星の打上げの場合には，衝突防止能力が利用できない期間を最小化する戦略を提示することにより，軌道投入後可能な限り速やかに，衝突防止マヌーバを実施できるように設計され，実施されなければならない。
- 打ち上げ前に計算された，宇宙運用の全期間における1cm以上の宇宙物体との偶発的な衝突の発生確率を評価し，最小化しなければならない。さらに，この推定には，低軌道で運用される宇宙物体の地球帰還フェーズも含まれなければならない。
- 軌道投入される宇宙物体の運用者は，以下の事項を保証しなければならない。
  - 軌道投入後最低5日間，または宇宙物体が衝突防止マヌーバを行うことができるようになるまで，軌道投入する宇宙物体が打上げ機や放出装置，または他の軌道投入された宇宙物体と衝突しない軌道にあること。
  - 軌道投入後最低3日間，または宇宙物体が衝突防止マヌーバを行うことができるまで，軌道投入された各物体が有人物体と衝突しない軌道にあること。
- 2つのマヌーバ能力を有する宇宙物体間で衝突警報が発生した場合，本規則の適用を受ける運用者は，もう一方の運用者と調整を行い，少なくとも2つの宇宙物体のうち1つの宇宙物体のマヌーバにつながる運用計画を決定しなければならない。
- カタログに記載された宇宙物体との衝突警報が発生した場合，衝突回避措置がミッションよりも優先される。運用者が衝突回避措置を実施しなければならない衝突確率の閾値は，運用コンセプトの中で定義され，その妥当性が正当化されなければならない。
- 運用者は，打上げ機による軌道投入後可能な限り速やかに，かつ最大3日以内に，打上げ機が遭遇する可能性のあるカタログ掲載宇宙物体との衝突リスクを管理するために必要な最新情報を，関係者または関係団体と共有しなければならない。この情報には，少なくとも以下のものが含まれる。
  - 運用者自身，またはSSAサービスが発行した軌道情報
  - マヌーバ計画
  - 共分散
- 同一コンステレーション内の衛星は，運用終了後の相互の衝突リスクを10-3未満に抑えなければならない。これには，大気圏再突入まで，または，低軌道外のコンステレーションにおいては100年間適用される。
- 軌道を変更できる推進要素を搭載していない宇宙機は，遠地点が600km未満の軌道用に設計，製造，運用されなければならない。

参考資料　国内法令における許認可関連基準（要約）

再突入時の地上へのリスク（技術規則決定 44 条，48-2 条）
1. 宇宙機帰還の場合，少なくとも 1 人の犠牲者が出る EC（集合リスク）で表される定量的安全目標は 10^{-4} である。
2. 前項の規定は，以下を考慮して評価されるものとする。
- 大気圏再突入のための運用計画（制御または非制御）
- 再突入予定日の人口
- 壊滅的な被害をもたらす危険性のあるすべての事象
- 破壊前の軌道
- 再突入に対応する破片の発生モデル
- 破片の地上拡散とその影響の評価
- 宇宙物体の信頼性
3. ノミナル及びオフノミナルケースでのリスクを含むものとする。
- メガコンステレーション衛星の地球への全帰還を含む安全目標として，少なくとも 1 名の犠牲者を出す EC（集合リスク）は 1E-10-2 と定められる。

自然落下による終了措置（技術規則決定 45 条）
1. 制御不能な再突入をする宇宙物体の構造と材料は，地上に到達する可能性のある破片の数とエネルギーを制限する目的で選定しなければならない。
2. システムは，地表に到達する構成部品が，特に有害物質による環境の汚染を通じて，人，財産，公衆衛生または環境に許容できないリスクをもたらさないように設計，製造，運用されなければならない。

制御再突入による地上へのリスク（技術規則決定 46 条，46-1 条）
1. 軌道上で有人ステーションと衝突するリスクがないことを実証すること。
2. 宇宙物体及びその破片の落下区域を，それぞれ 99 ％ 及び 99.999 ％ の確率で決定する。
3. 別途同意がない限り 99.999 ％ の確率で他国の領海を含む領土に干渉してはならない。落下地点が，交通や石油プラットフォーム等の存在する位置の場合，特別なリスク分析を実施しなければならない。
4. 打上げ事業者は，CNES 理事長が以下の事項を実施できるようにしなければならない。
- 放射性降下物の 99 ％ を特定したうえで，航空及び海洋の管制当局に，99 ％ の正確性を備えた落下区域を通知すること。
- 非常時において，関係国の当局にできるだけ早く落下区域を警告すること。
- 主管庁による必要な対応計画の策定と実施に必要なすべての関連情報を提供すること。

（帰還場への再突入）
再突入する物体が単独で帰還する場合は，再突入機体からの破片の落下に

参考資料　国内法令における許認可関連基準（要約）

　　　　よる EC は，分離されなかった場合の軌道上の合成物を含めて，1E-10-4 未満でなければならない。
　　　　再突入する物体については，地上での EC が 2E-10-5 未満であることを事業者が証明しなければならない。
　　　　帰還・着陸段階において，運用者は，特に以下のような場合に，軌道周回機体が危険な状態に陥る故障ケースを特定しなければならない：
　　　－事前に設定された再突入軌道からの離脱；
　　　－分離予定部品の危険な再突入および回収
　　　－飛行制御システムの異常
　　　－着陸飛行制御の異常
　　　　運用者は，軌道上の全部または一部が，その予定軌道（領海を含む。）に沿って接触する国の主権下にある領域に位置する場合，墜落が生じる前に当該機体を無力化する手段を検討しなければならない。

異常時の再突入（技術規則決定 47 条）
・早期または偶発的な再突入の場合，運用事業者は，優先事項として，地上へのリスクを低減するためのあらゆる措置を実施しなければならない。

意図的な破壊（技術規則決定 49 条）
・運用事業者は，軌道上の宇宙物体を故意に破壊することを避けなければならない。意図的破壊を行おうとするときは，その必要性を宇宙担当大臣に届け出なければならない。このような破壊は，生成された破片の軌道上での寿命を制限するのに十分な低高度でのみ実施する。

光学的妨害の制限（技術規則決定 48-10 条）
　　メガコンステレーションの各衛星は，地上または宇宙からの天文学的観測に対する光学的妨害を制限するために，見かけの明るさの等級が 7 以上であるように設計，製造，実装されなければならない。

軌道上サービスに関する特定の技術要件（技術規則決定第 V 章）
・意図的に 1mm 以上のデブリを軌道上に放出してはならない。
・第三者の軌道上での運用を阻害してはならない。
・近接運用の範囲と接近軌道を特定しなければならない。
・近接運用開始の GONOGO 判断を行う地点を定めなければならない。
・地上との通信が十分に確保されなければならない。
・接近フェーズにおいて，対象物体の軌道への進入確率を 1 ％未満に，また，サービス衛星の軌道全体にわたるリスクを 5 ％未満にするように設計，製造，実施しなければならない。

4　英　国

(1) 打上げ許可基準

安全解析（2021 年宇宙産業規則 26 条，27 条，28 条）

参考資料　国内法令における許認可関連基準（要約）

- 飛行中の重大事故ハザードを特定し，損害最小化の措置をとること及び当該ハザードから生じる死亡または重傷リスクを数値化すること
- 打上げ準備及び打上げ時の重大事故ハザードを特定し，損害最小化の措置をとること

有人宇宙物体の打上げの安全解析（2021年宇宙産業規則80条）
- 宇宙飛行士が運用上の安全に係る手順やロケット自体，飛行計画，飛行安全システム又は終了措置の作動等について大幅に変更する運用が可能となる場合及び，自らの安全管理システムによって宇宙飛行士に対して重大ハザードにつながる懸念がある場合等には，現行のリスク評価を見直し，必要に応じて修正しなければならない。また，打上げ又は着陸が行われる宇宙港若しくは事業者の宇宙飛行活動に使用する場所において，これらの活動のリスクを増大させるような変更も提示しなければならない。

宇宙港（又は射場もしくは着陸場）とロケットとの適合性（2021年宇宙産業規則95，96，97条）
- 宇宙港との間の適切な通信手段，環境及び気象条件の観測手段を確保しなければならない。

打上げ開始の要件（2021年宇宙産業規則99条）

　打上げ責任者は，当該活動が安全に実施されること及び次の条件が満たされていることを確認しなければならない。
- (a) ロケットが事業者の宇宙飛行活動に適合していること
- (b) 打上げ又は着陸が行われる宇宙港が事業者の宇宙飛行活動に適しており，かつ，宇宙港使用許可者がその責任の範囲でこれらの活動の安全性を確認していること
- (c) 射圏が事業者の宇宙飛行活動に適しており，射圏管制者がその責任の範囲でこれらの活動の安全性を確認していること
- (d) ミッションのリハーサルが実施され，事業者の宇宙飛行活動の安全性が確認されていること
- (e) 関連する緊急対応機関が待機していること
- (f) ロケットが飛行安全システムを有している場合，当該システムが使用可能なことが確認されていること
- (g) 打上げ機が飛行中または初期投入軌道に到達するまでの間に既知の宇宙物体と衝突しないこと
- (h) 打上げ責任者及び飛行終了要員が宇宙港等のミッション管理施設又は地上管制室に常駐していること
- (i) 事業者の宇宙飛行活動を安全に実施するために必要な他の運営スタッフが，ミッション管理施設又は宇宙港若しくはその他の場所の地上管制に在席していること

参考資料　国内法令における許認可関連基準（要約）

　　　(j) 事業者のセキュリティプログラムの要件が満たされていることを，セキュリティ管理者が確認していること
　　　(k) 気象条件及び環境条件が，事業者の宇宙飛行活動の安全な実施に適していること
　　　(l) 打上げ運用許可による打上げ，または帰還運用許可による地球帰還に関連する安全作業手順が安全作業マニュアル通りに実施されていること

飛行中の監視及び終了措置（2021年宇宙産業規則100条，101条）
　　・打上げ事業者は許可された打上げ機の飛行が安定軌道に達するまで，終了措置を完了するまで，又は許可された打上げ輸送機の英国領域内への帰還まで，飛行の安全確保，及び英国の国際的な義務の遵守を確保するために次のことを行わなければならない。
　　(a) 可能な限り，そのロケットの軌道を監視すること
　　(b) 軌道周期，軌道傾斜角，遠地点，近地点を含む基本的な軌道パラメータを監視すること
　　(c) 次の事項を実施するための合理的な手段を講じること
　　　　(i) 宇宙空間の平和的な探査及び利用において，当該ロケットが他の者の宇宙活動を阻害することを防止すること
　　　　(ii) 軌道上のロケットから生じる公衆衛生，安全及び財産に対する重大な事故の危険を防止すること
　　　　(iii) 軌道上のロケットに起因する宇宙空間の汚染又は軌道上のロケットに起因する地球環境の悪化を防止すること
　　(d) その他事業者の宇宙飛行活動を安全に実施するために必要な措置を講ずること。（宇宙飛行事業者が，地球の大気圏に再突入させることによりロケットの処分を行う場合，当該事業者は，その活動が安全に行われることを確保する方法で，当該活動を行わなければならない。）
　　上記（c）の合理的な手段には次のものを含む。
　　　－スペースデブリの放出を回避すること
　　　－ロケットからペイロードを放出又は分離した後，ロケットとペイロードの衝突を回避すること
　　　－ロケットを誘導制御すること
　　　－機体の構成部品を不活性化すること
　　　－搭載された危険物を消尽させ，またはその蓄積を防止することにより，当該ロケットを無力化すること

緊急事態対応計画（2021年宇宙産業規則104条）
　　(a) 運用者が緊急事態にどのように対応するかの詳細を規定すること
　　(b) 事業者の宇宙飛行活動に適したものであること
　　(c) 事業者の宇宙飛行活動中の緊急事態に対応するため，関連する緊急サービスへの通報，及び関連する地方公共団体等との連携について規定す

ること
   (d) 緊急事態が発生した後の個人に対する危害の防止を規定すること
   (e) 宇宙飛行事業者の緊急事態対応計画の調整を行うこと
   上記計画は 3 年を超えない適切な間隔で見直さなければならない
(2) **射場運用許可基準**
   射場範囲の特定（2021 年宇宙産業規則 46, 47, 48 条）
   ・ロケットの特性，射場管理にて使用する機器の能力，周辺環境及び気象条件，周辺活動や住民等に危険を及ぼす恐れ，事故時の破片等の拡散予測範囲，打上げ時危険区域の範囲，危険区域の監視に必要な範囲を考慮して設定しなければならない。
   関係者への通知要件（2021 年宇宙産業規則 49, 50, 51 条）
   ・管轄地方公共団体，関係緊急事態対処サービス，規制当局，指定範囲内にあるすべての土地所有者及び住民に対して，宇宙飛行活動期間と内容について，活動開始予定の 4 週間前までに，通知しなければならない。
   ・警戒区域に対して宇宙飛行活動開始前の合理的な期間内に通知しなければならない。
   宇宙港の安全義務（2021 年宇宙産業規則 52 条）
   重大事故の発生防止及び影響軽減義務を有する。
   水平離着陸用宇宙港（2021 年宇宙産業規則 35 条）
   ・認定飛行場又は CAA の認可を受けた飛行場でなければならない。
(3) **衛星管理許可基準**
   具体的な基準なし。

索 引

欧 文

COPUOS（宇宙空間平和利用委員会）… *7, 16, 72, 108, 109, 121, 126*
EUSST ……………………………… *71, 72, 76*
GEO（静止軌道）………………… *3, 50, 55, 58–59, 63, 64, 65, 73, 75*
GNSS（衛星測位航法システム）…………… *77*
HTV（こうのとり）………………… *20, 23*
IAC（国際宇宙学会）………………………… *54*
IADC（国際宇宙機関間デブリ調整委員会）
　……………………………………… *111, 120*
ICAO（国際民間航空機関）………………… *87*
IISL（国際宇宙法学会）………… *59, 120, 121*
ILA（国際法協会）…………… *6, 7, 39, 97*
ISS（国際宇宙ステーション）… *12–47, 62,64, 66, 67, 114–119, 129–130*
ITU（国際電気通信連合）……… *58–60, 121*
LEO（低軌道）………… *3, 14, 43, 51, 53, 63, 64, 65, 66, 73, 74, 109, 120*
LTS（長期持続可能性）……………… *109, 112*
MPL（最大蓋然損害）………… *103–104, 124–125*
PMD（運用終了措置）……… *63, 101, 109, 112–113*
SSA サービス ……… *54, 70–78, 126–130, 134*

あ 行

一般国際法………………… *44, 58, 81–85, 91, 109*
一方的国内措置………………… *98–100, 117, 129*
ウィーン条約法条約………………………… *24*
打上げ許可……… *34, 94–95, 100, 104, 112, 116*
打上げ国……… *7–8, 16–17, 22–35, 46, 54, 56, 68, 83, 92, 105, 114–115, 117, 119, 120*
宇宙開発戦略推進事務局………… *29, 75, 93, 94*
宇宙活動のための国内立法国連勧告……… *6–7, 104–105*
宇宙活動の長期持続可能性（LTS）
　ガイドライン……………………… *109, 112*
宇宙活動法（日本）……………… *68, 93–94, 102–103, 123, 125*
宇宙活動法（フランス）……… *40, 96–97, 103–104, 108, 123*
宇宙基本計画………………………………… *4, 73*

宇宙基本法…………………………………… *93*
宇宙交通管理（STM）……… *76, 88, 108*
宇宙産業法（英国）……… *97–98, 104, 123*
宇宙状況監視（SSA）……… *50, 51, 70, 75, 126*
宇宙条約……… *3, 6–8, 16, 24, 26, 31–35, 41, 56–60, 68, 80–92, 106–107, 109–110, 115, 119, 120, 122*
宇宙損害責任条約……… *16, 24, 33–34, 54, 56–57, 68, 82–84, 86, 90, 105, 109–110, 114, 119*
宇宙の領有権禁止原則……………… *58, 60*
宇宙物体……… *56, 67, 70, 73–76, 84–89, 100–101, 122*
――インデックス……… *22, 26, 27, 30*
――登録……… *3, 7, 14, 16–17, 21–35, 43, 46, 114–119*
――登録勧告………………………… *16, 32*
――登録国……… *16–17, 22–23, 26, 28, 30, 33–35, 41, 43–46, 67, 86–89, 114, 119, 125, 130*
――登録条約……… *16–17, 22, 32–34, 86*
衛星運用許可……… *94, 96, 100, 108, 112, 125, 127–128*
衛星運用国………………… *6, 35, 114, 129*
衛星放出機構……………… *13, 17, 20, 115*
衛星リモセン法……………………… *37–42*

か 行

過失……………… *55, 67, 92, 105, 125, 127*
過失責任………… *54, 68, 103, 104, 122–125*
過失認定　→過失
管轄権及び管理の権限…… *22, 29–30, 33–34, 41, 46, 85–87, 114, 119*
関係当事国………………………………… *35*
慣習国際法…………… *4, 67, 90–91, 107*
技術基準……………………………… *111–113*
軌道上サービス……… *50, 54, 62–78, 94, 96, 108, 109, 122–130, 134*
軌道上損害……………… *68, 103, 122–125*
軌道面………………… *55, 56, 58, 60, 120*
きぼう……………… *13, 17–21, 23, 27–28, 38*
共同打上げ……………… *16, 33, 92, 114–115*

174

索　引

許可及び継続的監督………… *6, 22, 34, 35, 46, 60, 68, 85, 90–92, 109–111, 116–117, 120, 131, 133, 135*
許認可システム………………… *86, 87, 93–96, 105, 127, 133–135*
金銭賠償……………………………… *82–83, 91*
原状回復………………………………… *82, 91*
衡平……………………………… *99, 114, 123*
ISS 協定……………………… *12–15, 41–44, 119*
国際司法裁判所規程………………… *107*
国際責任……………… *3, 5, 6, 33, 35, 54–57, 67–68, 76, 78, 82–85, 90–92, 102, 106, 109–111, 118–120, 122, 127, 133, 135*
国際電気通信連合（ITU）憲章………… *58–61*
国内規則… *3, 5–8, 78, 92–93, 100, 102, 104–112, 121–122, 126, 128, 130–131, 134–136*
国連総会決議………………………… *32, 108*
国家管轄権…………………… *7, 14, 34, 84–89, 135*
国家責任　→国際責任
コンステレーション…… *9, 50–60, 74–75, 78, 96, 101, 120–122, 130, 134*

さ　行

サブオービタル………………… *95, 98–99, 119*
シーロンチ……………………………… *33, 35*
事後統制機能……………… *8, 90–92, 102, 109–119, 120–131, 133–135*
事前統制機能……… *8, 90, 91, 92, 100, 102, 107, 109–119, 120–131, 133–136*
商業宇宙打上げ法（米国）…………… *94–95*
所有権………………………………… *7, 59–60, 87*
人工衛星管理許可　→衛星運用許可
スペースデブリ… *54, 64, 66, 67, 70, 72, 74, 86, 88, 95, 101, 107–108, 120*
スペースデブリ低減ガイドライン…… *108–109, 111, 126*
占有…………………………………… *54, 58–60*
因果関係………………………………… *56–57*
相当の注意（due diligence）… *55, 92, 105–106, 110, 127, 136*
属人的管轄権………………………………… *98*
属地的管轄権………………………………… *85*
ソフトロー……………… *7, 107–108, 111, 126*
損害…………… *16, 22, 44, 54–58, 67–69, 76–77, 82–85, 90, 92, 102–105, 109–110,*

114–118, 123–125, 127, 130
　間接——…………………… *56, 117, 130*
　直接——…………………… *56, 57, 117*

た　行

第三者損害……… *68, 102–104, 112, 123–124, 135*
妥当な考慮（due regard）………… *57, 84, 106, 110, 120*
地球観測…………………… *3, 15, 37–38, 41, 46, 50–51, 53, 74, 117, 130*
注意義務……………………… *8, 55, 92, 105, 127*
超小型衛星………………… *13, 17–21, 38, 63–65*
登録簿
　国際——…………………… *17, 30, 33*
　国内——…………………… *17, 32*
　補助——（英国）………… *32, 33, 34*

は　行

賠償責任……… *7, 24, 33, 54, 56, 68, 77, 82–83, 90, 92, 102–112, 115, 117–120, 122, 125, 127, 134*
　国際——………… *54, 82–83, 90, 92, 110–111, 117, 119*
　第三者損害——……… *94, 102–104, 112, 135*
飛行要素（モジュール）…… *13, 14, 21–23, 27, 28, 37, 38, 41, 42, 43, 44, 62, 65, 114, 118, 119*
防止（の）義務………………… *84, 90, 110*
放出……………… *13–35, 46, 54, 64, 66, 114–117, 129, 130, 134*
法的確信……………………………… *67, 107*
保険…………… *68, 102, 115, 123, 124, 125*

ま　行

満足…………………………………… *82, 91*
無過失責任……………… *68, 103, 104, 123*
無線周波数…………………………… *58, 95*

や　行

有害な干渉………………………… *58, 106*
予防原則……………………………………… *84*

ら　行

ライドシェア…………………… *54, 63–66*
領域………………… *16, 26–29, 33, 40, 41, 84–89, 94–99, 105, 116*

175

索　引

連帯責任……………………………… *34, 114, 129*
連邦通信法（米国）……………………………*95*

ロケット落下等損害………………………………… *102*

〈著者紹介〉

竹内　悠（たけうち・ゆう）

1983年鳥取県生まれ。2005年上智大学法学部地球環境法学科卒業，2007年一橋大学国際・公共政策大学院グローバル・ガバナンスプログラム修了（国際・公共政策修士（専門職）），同年国立研究開発法人宇宙航空研究開発機構（JAXA）入構。総合技術研究本部事業推進部，総務部法務課，外務省総合外交政策局宇宙室宇宙専門員（出向），カナダマギル大学法学部附属航空宇宙法研究所修士課程（在外研修）（法学修士（LL.M.）），第一宇宙技術部門事業推進部，有人宇宙技術部門事業推進部等を経て，2023年より研究開発部門研究推進部参事（現在に至る）。

業務の傍らで，2015～2017年慶應義塾大学法学部非常勤講師，2018年より同宇宙法研究センター研究員（現在に至る）。2021年慶應義塾大学大学院法学研究科後期博士課程単位取得退学。2023年に博士（法学）。

国際法学会，日本空法学会，日本航空宇宙学会，International Institute of Space Law（IISL）会員

商業宇宙活動と国際法

2025年（令和7年）3月30日　初版第1刷発行

著　者　竹　内　　悠
発行者　今　井　　貴
発行所　信山社出版株式会社

（〒113-0033）東京都文京区本郷 6-2-9-102
TEL 03（3818）1019／FAX 03（3818）0344

Printed in Japan

印刷・製本／藤原印刷

©竹内悠，2025．　ISBN978-4-7972-8789-9 C3332

JCOPY〈出版者著作権管理機構　委託出版物〉
本書の無断複製は著作権法上での例外を除き禁じられています。複写される場合は，そのつど事前に，出版者著作権管理機構（電話 03-5244-5088，FAX03-5244-5089, e-mail: info@jcopy.or.jp）の許諾を得てください。

国際関係と法の支配 ― 小和田恆国際司法裁判所裁判官退任記念
岩沢雄司・岡野正敬 編集代表

国家と海洋の国際法 ― 柳井俊二先生米寿記念　上・下巻
浅田正彦・植木俊哉・尾﨑久仁子 編集　（2025年3月最新刊）

国際法先例資料集(3)　犯罪人引渡条約・条例
柳原正治 編著

プラクティス国際法講義(第4版)
柳原正治・森川幸一・兼原敦子 編

《演習》プラクティス国際法
柳原正治・森川幸一・兼原敦子 編

人権判例報　1～9号 続刊　小畑郁・江島晶子 責任編集

EU法研究　1～15号 続刊　中西優美子 責任編集

ウクライナ戦争犯罪裁判 ― 正義・人権・国防の相克
新井京・越智萌 編

国際刑事裁判所の検察官の裁量　竹村仁美

国際経済法における新アジア地域主義
謝笠天 著／石川義道・濱田太郎 訳

信念体系としての国際法　ジャン・ダスプルモン 著／根岸陽太 訳/解説

国際刑事手続法の原理 ― 国際協働におけるプレミスの特定　越智萌

多元主義の国際法 ― 国連法と人権法の交錯　加藤陽

国家平等の形成と課題 ― 国際気候変動法の分析を通して　藤田大智

―― 信山社 ――

海と国際法　柳井俊二 編著

日本の海洋政策と海洋法(第3版)　坂元茂樹

海洋法　萬歳寛之 編

海の安全保障と法　鶴田 順

捕鯨史 ― クジラをめぐる国際問題の理解のために　辻 信一

実践国際法(第3版)　小松一郎

ＰＫＯのオールジャパン・アプローチ
　― 憲法9条の下での効果的取組　今西靖治

ベトナム居住法 ― 移動の自由の進展と居住登録法制　貴志 功

新国際人権法講座 全7巻　国際人権法学会創立30周年記念

国際紛争の解決方法　芹田健太郎

経済安全保障と先端・重要技術 ― 実践論　風木 淳

経済安全保障と対内直接投資
　― アメリカにおける規制の変遷と日本の動向　渡井理佳子

国際経済法の現代的展開 ― 清水章雄先生古稀記念
　須網隆夫・中川淳司・古谷修一 編集

国際法秩序とグローバル経済 ― 間宮勇先生追悼
　柳原正治・森川幸一・兼原敦子・濱田太郎 編

国際経済紛争処理の争点　阿部克則・関根豪政・李禎之 編著

悪が勝つのか？ ―ウクライナ、パレスチナ、そして世界の未来のために　井上達夫 著

信山社

宇宙法の位相 〔2025年2月最新刊〕
青木節子・中谷和弘・菊地耕一・宇宙航空研究開発機構（JAXA）
総務部法務・コンプライアンス課 編

宇宙六法　青木節子・小塚荘一郎 編

宇宙法の形成　中村仁威 著

国際法研究　1〜15号　岩沢雄司・中谷和弘　責任編集

航空経済紛争と国際法　中谷和弘

経済安全と国際法　中谷和弘

世界の島をめぐる国際法と外交　中谷和弘

国家による一方的意思表明と国際法　中谷和弘

ロースクール国際法読本　中谷和弘

サイバー攻撃の国際法―タリン・マニュアル2.0の解説
中谷和弘・河野桂子・黒﨑将広　【増補版】

越境サイバー侵害行動と国際法　中村和彦

―― 信山社 ――